Blockchain per La Finanza Islamica

Hussein Elasrag

INDICE

Introduzione

Blockchain è un'entusiasmante nuova tecnologia che potrebbe rivelarsi un'innovazione radicale, simile a tecnologie come il motore a vapore e Internet che ha innescato le precedenti rivoluzioni industriali, con il potere di interrompere i modelli economici e di business esistenti. Ha il potenziale per offrire guadagni di produttività a più industrie, dal settore finanziario ai mercati dell'energia, catene di approvvigionamento, gestione della proprietà intellettuale, "imprese virtuali", settore pubblico e oltre. La sua capacità di fornire disintermediazione, migliorare la trasparenza e aumentare la capacità di revisione può ridurre in modo significativo i costi di transazione, introdurre efficienza nelle catene di valore esistenti, sfidare i modelli di entrate e aprire nuovi mercati. E la blockchain può rivelarsi particolarmente preziosa nelle economie dei mercati emergenti. Tuttavia, la tecnologia è nelle sue prime fasi di sviluppo e sarà necessario affrontare sfide e rischi seri, sia tecnici che normativi, prima di raggiungere un'adozione diffusa. Rimangono delle domande sulla scalabilità, l'interoperabilità, la sicurezza, i costi di transizione, la privacy dei dati e la governance di blockchain. E i leader aziendali e i responsabili delle politiche dovranno riflettere a lungo e duramente su quando ea quali condizioni può essere giustificata un'iniziativa blockchain. (International Finance Corporation, 2019)

La tecnologia blockchain è stata definita una nuova "macchina fiduciaria" per la sua capacità di consentire alle persone di interagire e condurre transazioni anche se potrebbero non conoscersi o avere una relazione basata sulla fiducia preesistente . Sebbene la tecnologia stia accumulando un corpo di letteratura, poche fonti danno un senso alla tecnologia in modo accessibile, e meno ancora si concentrano sulla sua applicabilità al settore pubblico, come i modi in cui può consentire la collaborazione all'interno e tra i governi e aiuta a ridurre le frodi, gli errori e il costo dei processi a uso intensivo di carta. (Berryhill, 2018)

La finanza islamica e la sua economia digitale offrono opportunità a musulmani e non musulmani poiché entrambe le popolazioni cercano ora una soluzione convergente alle loro pressanti questioni - ricostruendo la fiducia e la fiducia in un sistema finanziario che li aveva persi. Alcuni tecnologi immaginano questo mondo senza intermediari, mentre altri vogliono solo un modo più rapido ed efficiente di effettuare transazioni. In ogni caso, la sfida deriva dalla responsabilità e dall'integrazione di quel senso di responsabilità all'interno dei nuovi sistemi che si stanno costruendo, basati sulla condivisione di rischi e profitti che ancorano la natura delle nostre economie, inclusa l'economia di condivisione di attività sottoutilizzate. (Mohamed e Ali, 2018)

La finanza islamica, come metodo di finanziamento alternativo ed etico, dirige il finanziamento verso attività economiche reali orientate all'impatto; utilizza quindi risorse economiche e finanziarie per soddisfare i bisogni materiali e sociali di tutti i membri della comunità. Le principali basi dei prodotti finanziari islamici sono la natura delle transazioni basate sulle attività, insieme alla natura basata sull'equità di condividere rischi e profitti. Ciascuna di queste categorie di finanziamento ha un ruolo fondamentale da svolgere nell'incrementare l'inclusione finanziaria e le start-up innovative, oltre ad attrarre capitali potenziali da fonti e fornitori di capitale islamici.

La tecnologia DLP (Distributed Ledger Technology), la tecnologia che ha avviato le varie criptovalute oggi in circolazione, ha creato un certo interesse in molte aree negli ultimi anni. In poche parole, un DLT è un sistema decentralizzato per la registrazione di transazioni con meccanismi per elaborare, convalidare e autorizzare transazioni che vengono poi registrate su un libro mastro immutabile. Blockchain è un'implementazione di DLT. Viene anche definito "Internet di valore", significa un modo sicuro per archiviare e trasformare il valore - qualsiasi cosa da valuta, azioni, contratti e persino voti - da un'entità all'altra. È anche la tecnologia sottostante che alimenta le criptovalute come Bitcoin ed Ether. (Sylvester, 2019)

La tecnologia blockchain sta rapidamente guadagnando l'attenzione delle Organizzazioni di cooperazione islamica. Ci sono vari istituti finanziari islamici che stanno progettando di utilizzare il sistema blockchain per portare i benefici che ne derivano. Le autorità di Dubai hanno rivelato il loro piano che nel 2020 useranno la blockchain nei settori pubblico e privato. Non sorprende che persino il governo stia dimostrando interessante nella valuta digitale. Qui abbiamo le informazioni relative al rapporto di blockchain nella finanza islamica e nel sistema bancario.

Qual è lo stato di blockchain oggi? Nel sondaggio condotto da PwC nel 2018 su 600 dirigenti di 15 territori, l'84% afferma che le proprie organizzazioni hanno almeno un qualche coinvolgimento con la tecnologia blockchain. Le aziende si sono dilettate in laboratorio; forse hanno costruito prove di concetto. Tutti parlano di blockchain e nessuno vuole essere lasciato indietro. È facile capire perché. Come un libro mastro distribuito, a prova di manomissione, un blockchain ben progettato non solo elimina gli intermediari, riduce i costi e aumenta la velocità e la portata. Offre inoltre maggiore trasparenza e tracciabilità per molti processi aziendali. Gartner prevede che la blockchain genererà un valore aziendale annuale di oltre 3 trilioni di dollari entro il 2030. È possibile immaginare che dal 10% al 20%

dell'infrastruttura economica globale funzionerà su sistemi basati su blockchain entro lo stesso anno.

Per l'economia islamica, la tecnologia blockchain ha il potenziale per avere un impatto significativo. La blockchain della finanza islamica e del sistema bancario aiuterà sicuramente le banche islamiche e gli istituti finanziari ad avere successo. Senza preoccuparsi dell'interesse e di altre questioni simili, il sistema bancario islamico sarà in grado di lavorare in modo più produttivo.

Le istituzioni finanziarie islamiche utilizzano sempre più la tecnologia blockchain per termini di finanziamento complessi, transazioni conformi alla Shariah e alternative conformi agli standard islamici e alla sharia alle assicurazioni convenzionali. automazione del back-office e sottoscrizione di micro-assicurazione. La finanza islamica può utilizzare le criptovalute per finanziare le PMI, sostenute dalla tecnologia blockchain, per strutturare i pagamenti in modo efficiente ed economico.

L'installazione di blockchain in Islamic Banking influenzerà principalmente il modo in cui vengono effettuati i pagamenti, le rimesse e le attività di trading. Questa tecnologia sta avanzando verso il mainstream e promette di fornire benefici in diversi settori. Può:

- Modernizzare la documentazione legale attraverso l'applicazione di contratti intelligenti
- Ridurre significativamente i tempi di elaborazione delle transazioni
- Ridurre i costi per i fornitori e le spese di transazione per i consumatori
- Elimina la necessità di documentazione e riconciliazione manuale delle transazioni
- Ridurre la necessità di una regolamentazione centralizzata
- Elimina il rischio di errori e duplicazioni
- Ridurre o sradicare le frodi
- Gestire il rischio di controparte

Attributi principali di Blockchain significa che ha un potenziale significativo per l'uso in Islamic Bilancio e per la sua:

- Trasparenza: blockchain fornisce provenienza, tracciabilità e trasparenza delle transazioni
- Controllo: l'accesso alle reti autorizzate è limitato agli utenti identificati
- Sicurezza: non è possibile modificare o manomettere il libro mastro digitale una volta inseriti i dati. La frode è meno probabile e più facile da individuare
- Informazioni in tempo reale: quando l'informazione viene aggiornata, viene aggiornata per tutti gli utenti della rete contemporaneamente

Dato questo stato, questo libro si propone di fornire un'introduzione all'applicazione di Blockchain per la finanza islamica e delineare alcune aree potenziali da considerare per tutti i settori della finanza islamica. Il libro:

- Spiega quale tecnologia Blockchain è e non è;
- Fa sì che la finanza islamica sviluppi conoscenza e capacità in relazione alla tecnologia Blockchain;
- Rendere sensato il suo impatto sulla finanza islamica e anticipare il futuro

sviluppi; e

• Esplorare e discutere l' uso della finanza islamica esistente di Blockchains.

Capitolo 1

Principi e divieti chiave della Shari'ah relativi alla finanza

Vi sono numerosi principi e divieti fondamentali della *Shari'ah* relativi alla finanza e alle transazioni commerciali che distinguono la finanza islamica dalle forme convenzionali. I principi chiave della *Shari'ah* che sono alla base della finanza islamica e hanno portato alla creazione di un'industria finanziaria separata sono i seguenti: (Allen & OveryLLP, 2009)

Divieto di usura e interessi (riba)

Divieto di interesse. Il divieto di *riba* , un termine che letteralmente significa "eccesso" e interpretato come "ogni aumento ingiustificabile del capitale, sia in prestiti che vendite" è il principio centrale del sistema. Più precisamente, qualsiasi tasso positivo, fisso, predeterminato legato alla scadenza e l'importo del capitale (cioè garantito indipendentemente dalla performance dell'investimento) è considerato *riba* ed è vietato. Il consenso generale tra gli studiosi islamici è che la *riba* copre non solo l'usura, ma anche l'accusa di "interesse" come ampiamente praticato. Questo divieto si basa su argomenti di giustizia sociale, uguaglianza e diritti di proprietà. L'Islam incoraggia il guadagno di profitti ma vieta l'addebito di interessi perché i profitti, determinati ex post, simboleggiano l'imprenditorialità di successo e la creazione di ricchezza aggiuntiva mentre gli interessi, determinati ex ante, sono un costo che viene accumulato indipendentemente dall'esito delle operazioni aziendali e potrebbe non creare ricchezza se ci sono perdite aziendali. La giustizia sociale richiede che i mutuatari e i creditori condividano i premi e le perdite in modo equo e che il processo di accumulazione e distribuzione della ricchezza nell'economia sia equo e rappresentativo della vera produttività.

Sotto la *Shari'ah* , non è permesso addebitare, pagare o ricevere interessi. La *Shari'ah* non riconosce il valore temporale del denaro e quindi non è lecito fare soldi prestandolo. Il denaro deve essere utilizzato per creare un valore economico reale ed è ammissibile solo ottenere un rendimento investendo denaro in attività commerciali consentite che comportano un rischio commerciale per il finanziere o l'investitore. Questo divieto è la principale forza trainante dello sviluppo della moderna industria della finanza islamica. *La riba* può assumere una delle due forme: *riba al-naseeyah* e *riba al-fadl*. (Dewar e Hussain, 2011, pagina 274)

1- Riba al- naseeyah è l'importo di eccesso ricevuto da un prestatore oltre all'importo capitale prestato. Questo tipo di *riba* è paragonabile al tradizionale concetto di interesse nel prestito convenzionale

attività.

2- Il secondo tipo, *riba alfadl*, è la compensazione in eccesso senza alcuna contropartita in cambio.

Nella finanza moderna, *riba alfadl* potrebbe essere applicabile a diversi contratti di scambio di merci.

L'idea è che quando viene pagata una compensazione, essa dovrebbe essere giustificata o essere impostata contro un'attività specifica e il rendimento dovrebbe essere associato a un rischio specifico. Pertanto, quando le parti si scambiano materie di valore simile e una parte paga un compenso eccessivo all'altra parte, lo è

Considerato *riba* .

Divieto di realizzare un guadagno dalla speculazione (mayseer)

Non è lecito guadagnare profitti dalla speculazione. Il gioco d'azzardo non è quindi permesso sotto la *Shari ° ah* . Non sono inoltre consentiti contratti o accordi che comportino speculazioni. Detto questo, è accettato dalla *Shari'ah* che esiste un elemento di speculazione nella maggior parte degli accordi commerciali e, a differenza del divieto assoluto di interesse, si tratta del grado di speculazione implicato e se l'intenzione alla base della transazione è di realizzare un guadagno da qualche sforzo produttivo o pura speculazione.

La distinzione tra speculazione proibita e speculazione commerciale legittima non è sempre chiara nella pratica e ci sono esempi in cui può essere difficile distinguere tra i due. Ad esempio, è generalmente accettato che sia ammissibile effettuare una partecipazione in una società impegnata in un'attività economica consentita dalla *Shari'ah* al fine di realizzare dividendi futuri e plusvalenze sull'investimento. Esiste naturalmente un certo grado di speculazione commerciale in merito alle prospettive future della società quando un investitore effettua un investimento azionario, ma se tale speculazione sia ammissibile o meno dipenderebbe dalle intenzioni dell'investitore, cioè l'intenzione di fare un rapido profitto speculando nel probabile movimento del prezzo delle azioni in un periodo di tempo molto breve (come è discutibile nel caso del day trading), oppure la decisione è stata presa sulla base di un'attenta valutazione dei risultati passati della società e delle prospettive future ? All'altro estremo dello spettro, i derivati azionari come i derivati indicizzati sono generalmente considerati inaccettabili sotto *Shari'ah* perché implicano speculazioni sul movimento di un indice azionario. (Allen & OveryLLP, 2009)

Nessuna incertezza (gharar) nelle transazioni commerciali

La certezza dei termini in ogni transazione è un requisito chiave sotto la *Shari'ah* . Ancora una volta, come per la speculazione, un grado di incertezza commerciale è accettabile, ma non ci deve essere alcuna incertezza sui termini chiave della transazione. Ad esempio, in una transazione per la vendita di attività, il contratto di vendita dovrebbe indicare una descrizione chiara delle attività vendute, il prezzo di vendita e il tempo di consegna delle attività all'acquirente. Allo stesso modo, un contratto di leasing deve stabilire chiaramente le attività che sono state affittate, la durata del leasing e il canone da pagare in base al contratto di locazione. Uno dei motivi per cui i contratti di assicurazione convenzionali non sono considerati ammissibili sotto la *Shari ° ah* è che non vi è certezza in merito al pagamento di un credito, dato che non c'è modo di sapere se e quando si verificherà l'evento assicurato. Nel contesto della moderna finanza islamica, esempi chiave di *gharar* sono: (Allen & OveryLLP, 2009; Uusmani, 2002)

(a) Consulenza a un cliente per l'acquisto di azioni di una particolare società oggetto di un'offerta pubblica di acquisto, sulla base del fatto che il prezzo delle sue azioni potrebbe aumentare;

(b) Comprare una casa, il cui prezzo deve essere specificato in futuro;

(c) Quando l'oggetto o le specifiche di un contratto sono sconosciute; e

(d) Pagamento dilazionato in base ad un contratto in cui il differimento è per un periodo sconosciuto.

Tutte le attività devono essere consentite (halal)

I musulmani non devono impegnarsi (o ricavare alcun beneficio da) attività proibite dalla *Shari ° ah* . Pertanto, non è consentito ai musulmani investire in imprese che praticano attività proibite come casinò, birrerie o fabbriche che producono prodotti a base di carne suina. Inoltre, le banche islamiche non sono autorizzate a fornire alcun finanziamento a tali imprese. Tuttavia, un'interpretazione molto severa di queste regole significherebbe che i musulmani sarebbero in grado di investire in un numero molto limitato di imprese a livello internazionale. Ad esempio, per i musulmani non sarebbe permesso investire in un albergo che serve alcolici, un'azienda alimentare che produce anche prodotti a base di carne di maiale come parte della sua gamma di prodotti o qualsiasi attività che presta o prende in prestito denaro a interesse.

Alla luce delle considerazioni pratiche del commercio internazionale e al fine di consentire agli investitori musulmani di parteciparvi, numerosi eminenti studiosi della *Shari'a* hanno avanzato l'opinione secondo cui è consentito ai musulmani investire in imprese o società che non sono interamente *Shari 'ah* compliant purché siano soddisfatte determinate condizioni. Queste condizioni includono (tra le altre cose):

(a) La principale attività economica deve essere consentita dalla *Shari'ah* ;

(b) Qualsiasi reddito derivato da attività proibite dovrebbe costituire solo una piccola percentuale del reddito complessivo dell'azienda o dell'azienda (questa percentuale varia dal 5 al 20%. Del reddito complessivo a seconda della natura dell'attività proibita e degli studiosi della *Shari'ah* coinvolti);

(c) L'ammontare aggregato del debito fruttifero sostenuto da una società o impresa non deve superare una determinata percentuale di

le sue attività o capitalizzazione di mercato (ci sono disaccordi tra gli studiosi della *Shari'ah* su quale percentuale sia accettabile e varia dal 25 al 35 per cento del totale delle attività o della capitalizzazione di mercato a seconda degli studiosi coinvolti); e

(d) I crediti della società in attività non devono superare una certa percentuale del patrimonio o della capitalizzazione di mercato (in genere compresa tra il 25 e il 33 per cento).

Fare soldi con denaro non è permesso

Una delle presunzioni sbagliate su cui si basano tutte le teorie di interesse è che il denaro è una merce. Pertanto, si sostiene che, proprio come un mercante può vendere la sua merce a un prezzo superiore al suo costo, può anche vendere i suoi soldi a un prezzo superiore al suo valore nominale, o semplicemente come può affittare la sua proprietà e può far pagare un affitto contro di esso, può anche prestare i suoi soldi e può rivendicare interessi al riguardo. I principi islamici, tuttavia, non aderiscono a questa presunzione. Il denaro e le merci hanno caratteristiche diverse e, pertanto, sono trattati in modo diverso.

capitolo 2

La base blockchain

Capire le blockchain è complicato. Devi capire il loro messaggio prima di poterne apprezzare il potenziale. Oltre alle loro capacità tecnologiche, le blockchain portano con sé basi filosofiche, culturali e ideologiche che devono essere comprese. A meno che tu non sia uno sviluppatore di software, i blockchain non sono un prodotto che devi solo accendere e utilizzare. Blockchains abiliterà altri prodotti che userete, mentre potreste non sapere che c'è una blockchain dietro di loro, proprio come non conoscete le complessità dietro ciò che state attualmente accedendo sul Web. Una volta che inizi a immaginare le possibilità dei blockchain da solo, senza pensare continuamente a cercare di capire allo stesso tempo, sarai in una fase diversa della tua maturità per sfruttarli. Sono convinto che il trasferimento delle conoscenze dietro la comprensione della blockchain sia più facile della conoscenza sulla conoscenza di dove si inseriranno. È come imparare a guidare una macchina. Potrei insegnarti a guidarne uno, ma non posso prevedere dove lo porterai. Solo tu conosci la tua particolare attività o situazione, e solo tu sarai in grado di capire dove si adattano i blockchain, dopo aver appreso cosa possono fare. (Mougayar, 2016)

In termini più semplici, una blockchain consiste in una catena collegata che memorizza i dati verificabili in unità chiamate blocchi. Molti commenti online iniziano spiegando che una blockchain è simile a un foglio di calcolo di un documento Google in cui più autori possono contribuire a causa del meccanismo di blocco. Blockchain è un po 'più complesso di quell'esempio e ha caratteristiche uniche che lo rendono una tecnologia attraente per taggare, archiviare e tracciare qualsiasi cosa di valore. Bitcoin è stata una delle prime e più popolari implementazioni della tecnologia blockchain.

Sebbene il bitcoin sia diventato una parola chiave importante nella tecnologia negli ultimi anni, la tecnologia blockchain è più di semplici opportunità di investimento. Le blockchain sono reti peer-to-peer che utilizzano sistemi di crittografia e computer distribuiti e che possono essere utilizzate per condividere dati e creare applicazioni. Blockchain ha il potenziale di influire su molti aspetti incentrati sui dati della vita quotidiana, dalle banche e dai pagamenti, ai big data e ai contratti intelligenti. Blockchain e bitcoin non sono la stessa cosa; bitcoin è implementato utilizzando la tecnologia blockchain, ma la tecnologia blockchain può essere utilizzata in contesti molto più ampi di bitcoin o criptovalute. (Castiglione Maldonado, 2018)

Bitcoin e altri altcoins sono denaro digitale, un modo di acquistare e vendere cose oltre il Internet. Il primo passo consiste nello stabilire un portafoglio digitale, tramite un web basato su browser portafoglio o scaricando un portafoglio per desktop o smartphone da Blockchain.info, Mycelium, Coinbase, Electrum, o altri fornitori di portafoglio Bitcoin. Il tuo Bitcoin indirizzo così come le tue chiavi pubbliche e private vengono generate automaticamente quando tu imposta il tuo portafoglio. Il tuo indirizzo Bitcoin è in genere un identificatore da 26 a 34 alfanumerico caratteri, cominciando dal numero 1 o 3, che rappresenta una possibile destinazione per un pagamento Bitcoin - ad esempio, 1JDQ5KSqUTBo5M3GUPx8vm9134eJRosLoH, rappresentato come questa stringa di caratteri o come codice QR. (Questo esempio Bitcoin indirizzo è il barattolo di punta di un podcast informativo che copre la tecnologia blockchain chiamata Let 's conversazione Bitcoin) Il tuo indirizzo Bitcoin è come il tuo indirizzo email.; le persone con il tuo l'indirizzo email può inviarti e-mail; le persone con il tuo indirizzo di portafoglio chiave pubblica possono ti mando Bitcoin. Perché Bitcoin è denaro digitale, il tuo portafoglio non contiene il denaro reale (quindi il *portafoglio* termini è un po 'improprio). Il tuo portafoglio ha il tuo indirizzo, pubblico e privato chiavi e una registrazione della quantità di Bitcoin che controlli sul blockchain ledger, ma nessun denaro reale. Il tuo portafoglio deve essere tenuto al sicuro come qualsiasi portafoglio tradizionale da proteggere le tue chiavi private; chiunque abbia accesso a loro ha accesso al controllo o alla spesa o trasferendo il tuo Bitcoin. Non dovresti dare le tue chiavi private a nessun altro party o memorizzarli in uno scambio (la scarsa sicurezza della chiave privata è stata una delle fattori che contribuiscono a furti e truffe legate a Bitcoin). Con il tuo indirizzo, chiunque può inviarti Bitcoin (proprio come chiunque può inviarti email con il tuo indirizzo email). Per inviare qualcun altro Bitcoin, hai bisogno del suo indirizzo e la parte chiave privata del tuo portafoglio in cui il software controlla che tu abbia il controllo sui Bitcoin che vorresti spendere o trasferire. Per mandare qualcuno Bitcoin, tu scansionare il suo indirizzo QR code code o in altro modo ottenere i suoi caratteri di indirizzo o QR codice (ad esempio, via e-mail o SMS). Il mittente esegue la scansione del codice QR indirizzo del ricevente s ' portafoglio e utilizza l'applicazione wallet per inserire ulteriori informazioni sulla transazione, come importo, commissione di transazione (di solito confermando l'importo indicato da il software del portafoglio) e qualsiasi altro parametro per inviare i ricevitori Bitcoin. quando il mittente invia la transazione, un messaggio viene trasmesso dal proprietario del l'invio di indirizzo alla rete che *x* numero di monete da quell'indirizzo ora appartengono al nuovo indirizzo. Questa operazione è autorizzato dalla s 'chiave privata del mittente; se quello il portafoglio non ha la chiave privata corrispondente a quelle monete, le monete non possono essere trascorso. Una transazione autentico ricevuto quasi immediatamente in raccoglitore s 'del ricevitore applicazione, con uno stato " non confermato " . Ci vogliono circa 10 minuti per il transazione per confermare e iscriversi nella blockchain per blockchain minatori. Così, per grandi acquisti come un'auto o un immobile, vorresti aspettare per vedere il transazione confermata, ma non ti saresti preso la briga di farlo per un acquisto di caffè. (Swan, 2015)

Per iniziare, una blockchain consiste di blocchi, ogni blocco contenente i dati (qualsiasi cosa di valore), il proprio valore di hash (un valore crittografico unico contenente caratteri e numeri generati attraverso un algoritmo computazionale complesso) e un puntatore all'hash del blocco precedente . (Sylvester, 2019)

La blockchain è un database di parti, una piattaforma di sviluppo delle parti, un enabler di rete parziale, quindi abbiamo bisogno di molte sue varianti e varianti. Come sovrapposizione su Internet, le blockchain possono assumere molte forme di implementazione. Le blockchain possono essere viste come un livello di fiducia, un mezzo di scambio, un tubo sicuro, un insieme di capacità decentralizzate e molto altro ancora. Detto questo, ci sono molte analogie tra i primi anni del Web e l'evoluzione della blockchain di oggi, in termini di come verrà adottata la tecnologia. Non dimentichiamo che per la maggior parte delle aziende ci sono voluti circa tre anni per comprendere appieno il potenziale del Web, dopo la sua iniziale commercializzazione, e ci sono voluti sette anni dopo l'avvio del lancio di Internet per il Web. Non vi è dubbio che la blockchain rimarrà un fenomeno semi-misterioso e semi-complesso per il prossimo periodo, proprio come ha richiesto Bitcoin tre anni tranquilli (2009-2012) prima che diventasse più visibile al grande pubblico. (Mougayar, 2016)

Quando Tim Berners-Lee ha creato la prima pagina del World Wide Web nel 1990, ha scritto: "Quando colleghiamo le informazioni nel Web, ci permettiamo di scoprire fatti, creare idee, comprare e vendere cose e stringere nuove relazioni a una velocità e scala che era inimmaginabile nell'era analogica ".

In questa breve affermazione, Berners-Lee ha previsto la ricerca, la pubblicazione, l'e-commerce, l'e-mail e i social media, tutto in una volta, da un singolo colpo. Il Bitcoin equivalente a quel tipo di prescience da parte di qualcuno che ha appena creato qualcosa di spettacolare può essere trovato nel documento di Satoshi Nakamato del 2008, "Bitcoin: un sistema di pagamento elettronico peer-to-peer", probabilmente la radice della moderna innovazione di criptovaluta basata su blockchain.

L'abstract del paper descrive la fondazione di Bitcoin e spiega i suoi primi principi: (Mougayar, 2016)

- Una versione puramente *peer-to-peer* di denaro elettronico consentirebbe di inviare i pagamenti online *direttamente da una parte all'altra senza passare attraverso un istituto finanziario* .

- Una *terza parte affidabile non è necessaria* per impedire la doppia spesa.

- Proponiamo una *soluzione* al *problema* della doppia spesa *utilizzando una rete peer-to-peer* .

- *Le transazioni* di data e ora della *rete sono* incise in una catena di prove di lavoro basate su hash, formando *un record che non può essere modificato senza ripetere la prova di lavoro* .

- La catena più lunga non serve solo come prova della sequenza di eventi assistiti, ma prova che proviene dal più grande pool di potenza della CPU. Finché la *maggior parte della potenza della CPU è controllata da nodi che non cooperano per attaccare la rete* , genereranno la catena più lunga e gli attaccanti esterni.

- La rete stessa richiede una struttura minima. I messaggi vengono trasmessi su una base di grande sforzo, ei *nodi possono partire e ricongiungersi alla rete a loro piacimento, accettando la più lunga catena di prove di lavoro come prova di ciò che è accaduto mentre erano spariti* .

Se sei un lettore non tecnico, e ti concentri sulle parti in corsivo, inizierai a prenderne il senso. Per favore rileggi i punti sopra, finché non hai interiorizzato la logica sequenziale di Nakamoto! Sul serio. Dovrai credere e accettare che la validazione delle transazioni peer-to-peer sia interamente possibile semplicemente lasciando che la rete svolga un dovere di fiducia, senza interferenze centrali o hand-holding.

Parafrasando il lavoro di Nakamoto, dovremmo lasciare questi punti:

- Transazioni e interazioni elettroniche peer-to-peer
- Senza istituzioni finanziarie
- Prova crittografica anziché trust centrale
- Metti fiducia nella rete invece che in un'istituzione centrale

A quanto pare, la "blockchain" è quell'invenzione tecnologica dietro Bitcoin, e ciò che lo rende possibile. Con l'abstract di Satoshi ancora nella tua mente, approfondiamoci con tre diverse ma complementari definizioni della blockchain: tecnica, commerciale e legale.

Tecnicamente, la blockchain è un database di back-end che mantiene un libro mastro distribuito che può essere ispezionato apertamente.

Dal punto di vista del business, la blockchain è una rete di scambio per lo spostamento di transazioni, valore, beni tra pari, senza l'assistenza di intermediari.

Il Web non potrebbe esistere senza Internet. E i blockchain non potrebbero essere senza Internet. Il Web ha reso Internet più utile, perché le persone erano più interessate all'uso delle informazioni piuttosto che capire come collegare i computer insieme. Le applicazioni blockchain hanno bisogno di Internet, ma possono bypassare il Web e darci un'altra versione più decentralizzata e forse più equa. Questa è una delle più grandi promesse della tecnologia blockchain.

C'è più di un modo per costruire applicazioni blockchain. Puoi costruirli in modo nativo su una blockchain, o puoi mescolarli in un'applicazione Web esistente o "applicazioni di blockchain ibride". (Mougayar, 2016)

Il termine blockchain si riferisce alla combinazione di un numero di tecnologie, incluse le seguenti: La struttura dei dati blockchain; Crittografia a chiave pubblica; Libri mastri distribuiti; Meccanismi di consenso. (Castiglione Maldonado, 2018)

La struttura dei dati Blockchain

Una blockchain è un tipo speciale di database in che i dati sono definiti e costruiti in blocchi successivi. Ciascuno dei blocchi di dati include una piccola porzione di dati che verifica il contenuto del blocco precedente. Di conseguenza, se si tenta di modificare un blocco precedente nella catena, tutti i blocchi successivi cessano di corrispondere. Il sistema che gestisce la blockchain sarà in grado di rilevare e rifiutare la modifica tentata, e questo è ciò che rende la blockchain a prova di manomissione.

Crittografia a chiave pubblica

L'uso della crittografia a chiave pubblica garantisce che ciascun partecipante al sistema sia identificato in modo univoco e possa convalidare qualsiasi modifica alla blockchain utilizzando una chiave privata protetta da crittografia. Sebbene la crittografia a chiave pubblica non sia esclusiva della blockchain, è una delle tecnologie di base essenziali, che garantisce che i blockchain siano sicuri e autorizzati solo i partecipanti possono apportare modifiche a una blockchain. Può anche essere utilizzato per crittografare i dati memorizzati sulla blockchain in modo che i dati possano essere consultati solo da chi ha la chiave per decrittografarlo.

Libri contabili distribuiti

I sistemi di contabilità tradizionale richiedono che ciascun partecipante mantenga il proprio libro mastro decentralizzato o richiedono che i partecipanti si fidino di un registro centralizzato. Il problema con i registri decentrati è che possono essere costosi da mantenere e da proteggere, e potrebbe non diventare immediatamente evidente quando divergono finché una transazione non rivela che ogni registro registra una versione diversa dei fatti. Un libro mastro centralizzato, d'altra parte, richiede a tutte le parti di fidarsi del titolare del libro mastro centrale autorevole e crea una vulnerabilità critica: cosa succede se il registro centrale viene violato o un dipendente insoddisfatto lo elimina? La chiave per un libro mastro distribuito è che ogni partecipante autorizzato (un nodo) mantiene una versione completa del libro mastro e ogni transazione. Cioè, ogni proposta di modificare il libro mastro viene inviata a tutti i nodi e viene approvata solo se un numero sufficiente di nodi concorda che si tratta di una transazione valida.

Meccanismo di consenso

Questa convalida delle modifiche proposte alla blockchain viene eseguita dai nodi in conformità con alcune regole preimpostate in base alle quali i nodi raggiungeranno un consenso sul fatto che la nuova immissione di dati sarà consentita (ad esempio, i nodi potrebbero eseguire un controllo per confermare che, secondo i registri sulla blockchain, il partecipante che pretende di condurre una determinata transazione possiede il bene rilevante oggetto di quella transazione). Questo è il meccanismo di consenso, e solo se c'è un accordo tra i nodi per quanto riguarda la validità della transazione rappresentata da quella voce di dati sarà permesso che l'immissione di dati sia accodata alla blockchain (cioè, un altro blocco Lego verrà aggiunto a la Torre). Una volta che la transazione è stata approvata, tuttavia,la versione aggiornata della blockchain con la voce appena aggiunta si diffonderà rapidamente in tutto il sistema in modo che tutti i nodi finiscano con una versione identica del libro mastro. Questo meccanismo di consenso significa che esiste un mezzo rigoroso, applicato uniformemente da tutti i partecipanti, che garantisce che alla blockchain vengano aggiunti solo dati validi. È il meccanismo di consenso che consente di affidare la funzione di gate-keeping a una rete di partecipanti, piuttosto che a un'unica autorità centrale.

Tipi di Blockchain

Poiché Internet è composto da una versione pubblica e diverse varianti private, anche le blockchains seguiranno tale percorso. Pertanto, avremo blockchain pubblici e privati. Alcuni saranno nativamente imbullonati a una blockchain, mentre altri potrebbero essere un'implementazione ibrida che fa parte di un'applicazione Web o privata esistente. (Mougayar, 2016)

Le blockchain possono essere classificate come varianti pubbliche, private o ibride, a seconda della loro applicazione: (Sultan, Ruhi, & Lakhani, 2018)

Pubblico - I blockchain pubblici non hanno un singolo proprietario; sono visibili a chiunque; il loro processo di consenso è aperto a tutti per partecipare; e sono completamente decentralizzati. Bitcoin è un esempio di blockchain pubblica.

La blockchain pubblica è open source in cui chiunque può partecipare, senza bisogno di permesso. Su tale piattaforma, chiunque può scaricare il codice o il software e avviare l'esecuzione di un nodo completo sul dispositivo locale, convalidando le transazioni nella rete, partecipando così al processo di consenso. A causa della natura pubblica, chiunque può vedere o controllare la transazione sul blocco pubblico di esplorazione; tuttavia, le parti di una transazione rimangono anonime. Ci sono alcuni vantaggi nell'utilizzare la blockchain pubblica. Ha il potenziale di distruggere gli attuali modelli di business attraverso la disintermediazione. Inoltre, non è necessario mantenere i server o gli amministratori di sistema dall'autorità centrale, questo riduce radicalmente il costo di creazione ed esecuzione di applicazioni decentralizzate (DApps). Alcuni esempi di blockchain pubblici sono Bitcoin, Ethereum e Litecoin. (Abojeib e Habib, 2019)

Privato - (anche chiamato permesso) I blockchain privati usano i privilegi per controllare chi può leggere e scrivere sulla blockchain. Gli algoritmi di consenso e l'estrazione di solito non sono richiesti in quanto una singola entità ha proprietà e controlla la creazione di blocchi.

La blockchain privata può essere definita come una piattaforma controllata da un'organizzazione singola o centralizzata con un numero limitato di nodi all'interno di tale organizzazione. È utile per risolvere problemi di efficienza, sicurezza e frode all'interno delle istituzioni tradizionali, ma la caratteristica più importante del decentramento non è disponibile per la blockchain privata. Ha gli stessi vantaggi del blockchain del consorzio, ma è diverso da esso nel senso che ha più restrizioni e non è distribuito. (Abojeib e Habib, 2019)

Ibrido - Conosciuto anche come consorzio, questi blockchain sono pubblici solo per un gruppo privilegiato. Il processo di consenso è controllato da server noti e privilegiati che utilizzano un insieme di regole concordate da tutti partiti. Le copie della blockchain sono distribuite solo tra i partecipanti autorizzati; la rete è quindi solo parzialmente decentrata.

È anche chiamato blockchain federato. Opera sotto il controllo di un gruppo specifico di organizzazioni cui è consentito svolgere il ruolo di nodi completi. Contrariamente alla blockchain pubblica, la struttura non dà accesso a tutte le persone per partecipare al processo di verifica delle transazioni. Il processo di consenso è controllato da un insieme preselezionato di nodi in cui il protocollo definisce il numero minimo richiesto per firmare ogni blocco affinché il blocco sia valido. Il diritto di leggere la blockchain può essere pubblico o limitato ai soli partecipanti. Questo tipo di blockchain ha alcuni vantaggi specifici. Ad esempio, riduce i costi di transazione; evita ridondanze dei dati; e sostituisce i sistemi legacy. È anche utile per semplificare la gestione dei documenti e per eliminare i meccanismi di conformità semi-manuale.L'elaborazione delle transazioni in tale blockchain è più veloce di una blockchain pubblica, il che significa che esiste un potenziale per una maggiore scalabilità. Fornisce inoltre una maggiore privacy, ma a costo di una minore trasparenza. La blockchain del consorzio può essere adatta al settore bancario tradizionale. Alcuni degli esempi sono: R3 Corda (per le banche); EWF (per energia), B3i (per assicurazione). (Abojeib e Habib, 2019)

Investimenti in Blockchain

Le principali aziende nel panorama dei servizi finanziari hanno effettuato investimenti in start-up basate su blockchain, proseguendo fino al 2018. La mandria di nuovi investitori strategici sta giocando un ruolo sempre più importante nella salute del mercato finanziario di queste start-up. Mentre l'attività di deal trimestrale è scesa al livello più basso dal Q2'14 nel quarto trimestre del '16, le due principali operazioni di finanziamento del trimestre hanno caratterizzato gli investimenti dei principali operatori di servizi corporate e finanziari. Nello specifico, Axoni, sviluppatore del libro mastro distribuito, vide Wells Fargo a capo della sua offerta di serie A da 18 milioni di dollari, che comprendeva investitori come JP Morgan, Goldman Sachs, F- Prime Capital e Thomson Reuters. Come amministratore delegato di Axoni , Greg Schvey "Il dispiegamento della tecnologia del registro distribuito in questa scala è un momento spartiacque per l'industria. La combinazione di tecnologia e competenze aziendali che hanno contribuito a questo progetto da parte di tutte le aziende partecipanti è senza pari e i benefici sono chiari. "Tra gli investitori di servizi finanziari ci sono assicurazioni come TransAmerica, New York Life e Mitsui Sumitomo Insurance Group (MSIG) ; giganti dei pagamenti compresi Visa, MasterCard e American Express; così come banche come Mitsubishi UFJ Financial Group (MUFG), Citi, Santander e la Canadian Imperial Bank of Commerce (CIBC). L'investimento strategico in start-up di bitcoin o blockchain negli ultimi tre anni ha raggiunto il suo apice nell'autunno del 2015 e nell'inverno del 2016. Negli ultimi mesi, Deloitte, Miami International Holdings (MIAX),e Credit China ha piazzato le loro prime scommesse blockchain, con Deloitte che ha acquisito una quota di minoranza societaria in una piattaforma di pagamenti e transazioni SETL opportunamente denominata blockchain. In totale, oltre cinquanta società di servizi finanziari o le loro armi di investimento strategico hanno investito in una start-up di bitcoin o blockchain dall'inizio del 2014. Da notare che un numero relativamente piccolo di start-up ha catturato la maggior parte degli investimenti nei servizi finanziari nel bitcoin e blockchain space. Ad esempio, le sette aziende elencate di seguito: Circle Internet Financial, Coinbase, Ripple,oltre cinquanta società di servizi finanziari o le loro armi di investimento strategico hanno investito in una start-up di bitcoin o blockchain dall'inizio del 2014. Da notare, un numero relativamente piccolo di start-up ha catturato la maggior parte degli investimenti nei servizi finanziari nel bitcoin e blockchain spazio. Ad esempio, le sette aziende elencate di seguito: Circle Internet Financial, Coinbase, Ripple,oltre cinquanta società di servizi finanziari o le loro armi di investimento strategico hanno investito in una start-up di bitcoin o blockchain dall'inizio del 2014. Da notare, un numero relativamente piccolo di start-up ha catturato la maggior parte degli investimenti nei servizi finanziari nel bitcoin e blockchain spazio. Ad esempio, le sette aziende elencate di seguito: Circle Internet Financial, Coinbase, Ripple, BitFury Group, Blockstream , Digital Asset Holdings e Chain-hanno ricevuto quasi 625 milioni di dollari di finanziamenti e sono tutti elencati tra i primi dieci più ben finanziati società bitcoin e blockchain. Tra Circle's Series E round di US $ 110 milioni, US $ 118 milioni raccolti da Orbs, un presunto servizio "blockchain consumer-ready", US $ 75 milioni di serie B round per il produttore di portafogli hardware sicuro basato su Parigi, rappresentano un numero significativo di investitori di servizi finanziari. A partire dalla prima metà del 2018, gli investimenti complessivi in società collegate alla blockchain hanno superato 1,3 miliardi di USD in tutti i round di investimento mondiali. Il volume del dollaro segnalato investito in turni VC raccolti da società di blockchain ha superato i totali nel 2017. (Mohamed & Ali, 2018)

Ci sono molte indicazioni che la blockchain stia fondamentalmente alterando il panorama del business. Qui ci sono solo alcuni cambiamenti significativi:

La tokenizzazione - la rappresentazione di beni reali o virtuali su una blockchain - si sta diffondendo a materie prime, prodotti finiti, titoli generatori di reddito, diritti di appartenenza e altro ancora. Ora puoi rappresentare su una blockchain quasi tutto ciò che fanno le aziende.

Le offerte iniziali di monete (ICO) , in cui un'azienda pubblica un numero predefinito di token digitali per il pubblico, stanno incanalando miliardi di dollari in piattaforme blockchain. Sempre più un'alternativa al debito classico / finanziamento di capitale come previsto oggi da venture capital e società di private equity e banche, Ico nei primi cinque mesi del 2018 ha raccolto $ 13,7 miliardi. Le più grandi ICO fino ad oggi sono state diverse e hanno incluso EOS, che è focalizzata sull'infrastruttura blockchain; Token di Huobi , una moneta per uno scambio cripto sudcoreano; e Hdac , una piattaforma di Internet of Things.

Le piattaforme software aziendali che sono il motore per le operazioni aziendali come la finanza, le risorse umane e la gestione delle relazioni con i clienti stanno iniziando a integrare la blockchain. Ad esempio, Microsoft, Oracle, SAP e Salesforce hanno annunciato tutte le iniziative blockchain. In futuro, molti processi di core business funzioneranno - o interagiranno con - sistemi basati su blockchain. L'uso della blockchain di concerto con le piattaforme di pianificazione delle risorse aziendali consentirà alle aziende di semplificare i processi, facilitare la condivisione dei dati e migliorare l'integrità dei dati.

Nuovi leader del settore e del territorio stanno emergendo. Gartner ha scoperto che l'82% dei casi di utilizzo di blockchain segnalati riguardava servizi finanziari nel 2017, ma la porzione di quel settore è scesa al 46% dei casi d'uso segnalati nel 2018. I nostri intervistati continuano a ritenere che i servizi finanziari siano il leader futuro corrente ea breve termine di blockchain, ma anche vedere il potenziale in prodotti industriali, energia, servizi pubblici e assistenza sanitaria. Inoltre, un primo centro di gravità negli Stati Uniti e in Europa sta cambiando. I nostri intervistati ritengono che gli Stati Uniti siano il territorio più avanzato nello sviluppo della blockchain oggi, ma che tra tre e cinque anni il leader sarà la Cina.

quali territori sono considerati leader blockchain, oggi e domani

Secondo PwC, il settore finanziario sta per ottenere il massimo da blockchain-based implementazioni di servizi, seguite da prodotti industriali e dal settore manifatturiero, energia e utility e quindi il settore sanitario.

Ciononostante, un sondaggio PwC di circa 600 dirigenti esperti di blockchain ha rivelato che la principale barriera all'adozione della blockchain era l'incertezza normativa. L'interoperabilità e il potenziale fallimento di diversi blockchain a lavorare insieme sono stati identificati come sfide principali.

Costruire una blockchain diventa più complesso quando partecipano terze parti. Considera una multinazionale che costruisce una blockchain per gestire un processo interaziendale come il transfer pricing o la gestione della tesoreria. Storicamente, la società potrebbe essere alle prese con dozzine di sistemi ERP e dati e processi incoerenti. Invece di un libro mastro centrale per ogni filiale, un singolo libro mastro distribuito può eliminare la necessità di riconciliazione. Le aziende stanno esplorando come utilizzare i token digitali interni per rappresentare denaro o altri beni, con l'obiettivo di snellire i loro spostamenti tra le unità aziendali. Invece di lunghi e costosi trasferimenti bancari, conversioni valutarie e più e-mail su ogni transazione, un trasferimento tokenizzato può essere condotto quasi in tempo reale tramite contratti intelligenti e consentire agli utenti di tracciare ogni transazione 'progressi.

Una società che crea per sé una blockchain affronterà indubbiamente le sfide legate al buy-in interno, all'armonizzazione dei dati e alle dimensioni. Tuttavia, questa azienda può impostare e far rispettare le regole della blockchain, proprio come fa oggi con il suo ERP. Ma in generale, non realizzi il massimo ritorno sull'investimento in blockchain se lo stai costruendo solo per te stesso. I vantaggi di Blockchain si realizzano al meglio quando diversi partecipanti del settore si uniscono per creare una piattaforma condivisa. Ovviamente, quando inizi a invitare terze parti a partecipare, non puoi scrivere le regole da solo.

Gli intervistati del PwC rispondono a queste preoccupazioni, con l'incertezza normativa (48%), la mancanza di fiducia tra gli utenti (45%) e la capacità di riunire la rete (44%) costituendo le principali barriere all'adozione della blockchain.

Perché è difficile fidarsi di una blockchain

Blockchain, per la sua stessa definizione, dovrebbe generare fiducia. Ma in realtà, le aziende affrontano problemi di fiducia quasi a ogni svolta. Per uno, gli utenti devono creare fiducia nella tecnologia stessa. Come per qualsiasi tecnologia emergente, esistono sfide e dubbi sull'affidabilità, la velocità, la sicurezza e la scalabilità di blockchain. E ci sono preoccupazioni riguardo alla mancanza di standardizzazione e alla potenziale mancanza di interoperabilità con altri blockchain.

Contribuire anche al gap di fiducia delle blockchain è una mancanza di comprensione. Persino ora, molti dirigenti non sono chiari su cosa sia la blockchain e su come stia cambiando tutti gli aspetti del business. Anche se la narrativa pubblica si è spostata oltre il bitcoin, anche il focus e l'hype più recenti sugli ICO suggeriscono solo il potenziale impatto. Il ruolo di Blockchain come agente di cambiamento duplice - come una nuova forma di infrastruttura e come un nuovo modo di digitalizzare le risorse attraverso i token, compresa la criptovaluta - non è facile da spiegare. Pensa alle altre nuove tecnologie: gli utenti possono provare gli occhiali per la realtà virtuale o guardare un drone prendere il volo. Ma blockchain è astratto, tecnico e accade dietro le quinte.

Un'altra sfida per blockchain è creare fiducia nella rete. È forse ironico che una tecnologia intesa a far sì che il consenso colpisca un ostacolo alla necessità iniziale di progettare regole e standard. Prendere sistemi di pagamento e meccanismi nel settore bancario. Sebbene tutti oggi stiano giocando secondo le regole dei sistemi esistenti, non sono necessariamente d'accordo su come un modello alternativo basato su blockchain debba essere progettato e gestito.

Allo stesso modo, c'è una mancanza di conforto per quanto riguarda la regolamentazione. La maggior parte dei regolatori continua a fare i conti con blockchain e criptovaluta. Molti territori hanno iniziato a studiare e discutere le questioni, in particolare per quanto riguarda i servizi finanziari, ma l'ambiente normativo complessivo rimane instabile.

È forse ironico che una tecnologia intesa a far sì che il consenso colpisca un ostacolo alla necessità iniziale di progettare regole e standard.

In base alle proprietà della blockchain e alla sua caratteristica di essere un data store generico per tutti i tipi di dati, possiamo trovare i seguenti casi di utilizzo generico: (Drescher, 2017)

Prova di Esistenza

Questo uso della blockchain si concentra sulla memorizzazione dei dati al solo scopo di provarne l'esistenza. Quindi, questo utilizzo non utilizza né l'ordinamento né le funzionalità di marcatura temporale della blockchain. Le applicazioni concrete sono, ad esempio, registri di articoli che dovrebbero essere unici come nomi di marchi, brevetti, codici di licenza e indirizzi Internet o e-mail.

Prova di inesistenza

Questo uso della blockchain si concentra sull'opposto della dimostrazione dell'esistenza. Fornisce modi per verificare se voci specifiche o elementi non esistono nella blockchain. Applicazioni concrete di questo potrebbero essere registrazioni di denunce, ammende o condanne.

Prova del tempo

In questo caso è importante non solo la pura esistenza di una voce nella blockchain, ma anche il momento in cui è stata aggiunta la voce. La blockchain può soddisfare questa necessità poiché i blocchi della blockchain-data-structure memorizzano il momento in cui è stato avviato il processo di aggiunta. Le applicazioni che traggono vantaggio dalle funzionalità di time-stamp della blockchain sono quelle che tracciano il verificarsi di eventi nel tempo come il monitoraggio delle consegne o delle notifiche, il monitoraggio dei pagamenti, il monitoraggio di apertura e chiusura ordinate delle procedure di offerta pubbliche e la gestione delle previsioni.

Prova di ordine

Questo modello di utilizzo utilizza la capacità di ordinamento della blockchain. Le applicazioni che traggono vantaggio da tale proprietà della blockchain sono quelle che tracciano l'ordine relativo degli eventi indipendentemente dal loro tempo assoluto, ad esempio il monitoraggio dei processi applicativi, l'auditing delle procedure di offerta pubblica e i servizi di deposito a garanzia. Dimostrare che qualche evento è stato il primo o l'ultimo del suo genere è un esempio specifico di prova d'ordine. Questo tipo di dimostrazione può essere importante quando le risorse vengono assegnate nello stesso ordine in cui sono state presentate determinate dichiarazioni o documenti, come domande universitarie o universitarie, domande di brevetto o reclami sul copyright.

Prova di identità

La prova dell'identità può essere considerata un caso specifico di prova dell'esistenza perché dimostra che esiste già una certa identità. La blockchain serve a questo caso d'uso poiché non solo memorizza i dati che possono essere utilizzati per identificare qualcuno o qualcosa, ma fornisce anche concetti di sicurezza di base per l'identificazione e l'autenticazione. Le applicazioni concrete di questo modello di utilizzo sono l'identità digitale

documenti per persone, animali o merci. I governi potrebbero utilizzare tali blockchain come parte della loro strategia di e-government per la gestione di documenti personali, patenti di guida o passaporti.

Prova di paternità

Questo modello di utilizzo si concentra sulla dimostrazione che una determinata persona o istituzione ha aggiunto determinati dati alla blockchain. La blockchain può servire a questo scopo perché non solo memorizza i dati che possono essere identificati dalla sua impronta digitale crittografica, ma offre anche concetti di sicurezza di base come l'identificazione, l'autenticazione e l'autorizzazione.

Identificazione e autenticazione sono necessarie per identificare gli autori e verificare la loro identità. L'autorizzazione è necessaria in questo caso d'uso per impedire a qualcuno di aggiungere dati alla blockchain senza avere il diritto di farlo. Le applicazioni che utilizzano questo modello di utilizzo sono, ad esempio, la pubblicazione elettronica, il monitoraggio delle modifiche ai contenuti nei documenti, il contenuto consegna, modifica collaborativa e protezione dei diritti d'autore.

Prova della proprietà

Questo modello di utilizzo si concentra sulla gestione e sulla chiarificazione della proprietà. Si basa su tutti i modelli precedentemente menzionati, come la prova dell'esistenza, la prova di ordine, la prova di identità e la prova di paternità insieme ai tre concetti fondamentali di sicurezza: identificazione, autenticazione e autorizzazione. Le applicazioni che utilizzano questo modello di utilizzo sono, ad esempio, sistemi per la gestione della proprietà di immobili, automobili, azioni della società, obbligazioni, denaro digitale o valute crittografiche.

Casi d'uso specifici

La blockchain è agnostica rispetto ai dati che memorizza. Quindi, la gamma di dati memorizzati nella blockchain e la gamma delle sue aree di applicazione sono tanto ampie e diverse quanto le attività umane stesse. Di conseguenza, è impossibile fornire una panoramica completa di tutte le applicazioni blockchain. Per Per questa ragione, questa sezione presenta una piccola selezione di aree di applicazione concreta di blockchain in cui la blockchain è già utilizzata o può essere utilizzata a breve: (Drescher, 2017)

• *Pagamenti* : gestione della proprietà e trasferimento delle valute digitali fiat.

• *Criptovalute* : gestione della proprietà e creazione di strumenti di pagamento digitali che esistono indipendentemente da qualsiasi governo, banca centrale o altra istituzione centrale.

• *Micropagamenti* : trasferimento di piccole somme di denaro che sarebbe troppo costoso utilizzando i tradizionali mezzi di trasferimento.

• *Risorse digitali* : gestione della creazione, della proprietà e del trasferimento di articoli digitali che hanno valore a sé stante o rappresentano beni di valore nel mondo reale.

• *Identità digitale* : dimostrazione dell'identità e dell'autenticazione basate su elementi digitali unici.

• *Servizi notarili* : digitalizzazione, archiviazione e verifica di documenti o contratti e prova di proprietà o trasferimento.

• *Conformità e audit* : auditing delle attività aziendali di persone o organizzazioni in settori regolamentati in una pista di controllo.

• *Imposta* : calcolo e riscossione delle imposte in base alle transazioni o alla proprietà esclusiva, riduzione dell'elusione fiscale o doppia imposizione.

• *Votazioni* : creazione, distribuzione e conteggio di schede di ballottaggio digitali.

• *Gestione dei record* : creazione e archiviazione di cartelle cliniche.

capitolo 3

Applicazioni di Blockchain nella finanza islamica

Due concetti fondamentali nella visione del mondo islamico che avrebbero implicazioni significative sui comportamenti economici (compresi quelli finanziari) sono il concetto di uomo come khalifah (vicegerent) e ' abd (servo / schiavo). Il Corano (Surah al- Baqarah, Corano 2:30) menziona che l'essere umano è stato creato per essere un khalifah , un vicecerente sulla terra per stabilire i comandamenti di Dio, una posizione unica (con una missione) non concessa a altre creazioni. Essere un khalifah , l'essere umano è dotato di una delegazione di autorità da parte di Dio per realizzare "consapevolmente" (non con la forza) i modelli divini sulla terra. Gli è concesso il libero arbitrio di implementare o annientare questi modelli divini attraverso le sue azioni. È l'unico essere che può agire in modo contrario alla sua natura (cioè non adempiendo al comando primordiale di Dio), mentre nessun'altra creazione può essere fatta da animali, piante o angeli. Gli esseri umani sono liberi di usare i doni e le benedizioni loro conferite (taskhir), ma allo stesso tempo devono svolgere il loro dovere verso Dio principalmente come un " abd (che serve e ad adorarlo) e khalifah (che detiene l' amana come Rappresentante di Dio sulla terra) per isti'mar vale a dire prosperare la terra e creare un ordine sociale morale sulla terra. Tutte le azioni dell'uomo, comprese le sue attività economiche, dovrebbero essere considerate in questo completo impegno verso Dio, obbedendo al quadro prescritto. Un altro esempio che modella la relazione dei concetti etici che costituiscono il fondamento etico dell'Islam è la credenza della connessione tra dunya (il mondo presente) e akhirah (l'aldilà). I musulmani sono invitati a essere molto consapevoli di questa correlazione in ogni azione che prendono e nelle scelte che fanno. Quando tutti gli obiettivi economici sono diretti solo alla felicità degli esseri umani in questo mondo, le istituzioni rischiano di soffrire di sentimenti immorali che si oppongono al mantenimento delle leggi divine intese a beneficio degli esseri umani. Nell'economia convenzionale, un individuo razionale è libero di massimizzare la sua utilità il più possibile senza alcun impegno morale, sociale o religioso. La considerazione per una ricompensa "d'ora in avanti" e la punizione delle conseguenze delle scelte economiche e delle decisioni prese non sono incluse in tale teoria. Invece, un concetto islamico o più illuminato o universale di giustizia e di vicer vanza responsabile limiterebbe una massimizzazione individuale dell'utilità in vista del bene superiore. La presenza di al- jannah (cielo) e al- jahannam (Inferno) fornisce "la forma della coscienza morale" ogni volta che un uomo sceglie di fare qualsiasi cosa in questo mondo. È la vera fonte dei valori morali. L'uomo, finché vive come membro della comunità musulmana, è moralmente tenuto a fare sempre delle scelte che sono collegate al bene e ad evitare quelle che sono collegate al male. In realtà, questi principi universali si applicano anche a tutte le altre religioni e ai sistemi di valori. Tuttavia, l'economia comportamentale ci informa che le nostre scelte sono governate anche dalle nostre emozioni, nonché dai fattori situazionali e dall'ambiente. Anche con precisi precetti morali, le nostre azioni sono fortemente influenzate dai nostri stati d'animo, sentimenti e pressione dei coetanei, che possono essere irrazionali nel prendere decisioni morali. In quanto tale, se i comportamenti prescritti dell'Uomo Economico possono essere meccanizzati in un sistema che utilizza la tecnologia per superare la nostra irrazionalità, i comportamenti che danneggiano l'integrità del sistema finanziario a lungo termine possono essere prevenuti. Il progresso tecnologico può avere la capacità di limitare 4 decisioni sbagliate e rilevare e prevenire la frode e l'inganno prima che si verifichi di nuovo un collasso di fiducia e sicurezza. (Mohamed e Ali, 2018)

Il maqasid ha un aspetto importante nello sviluppo dell'economia islamica che è maslahah o interesse pubblico. Il denaro nell'islam svolge un "ruolo sociale", ecco perché gli obiettivi principali della finanza islamica sono di distribuire la ricchezza in modo efficiente, promuovendo la giustizia socio-economica e garantendo prosperità e benessere per tutti. Nel frattempo, il divario nel finanziamento degli SDG è attualmente stimato a $ 2,5 trilioni ogni anno. Secondo le proiezioni di Thomson Reuters, le risorse finanziarie islamiche cresceranno fino a 3,2 trilioni di dollari entro il 2020. Descrive potenziali finanziari islamici a sostegno degli

SDG fornendo soluzioni di finanziamento innovative. Rispetto al contributo individuale, dare zakat o sadaqah attraverso istituzioni formali, investendo in obbligazioni islamiche, può aumentare la sensibilizzazione, indirizzare le persone bisognose e fornire una soluzione più strategica e sostenibile.Tuttavia, ci sono diverse sfide, inefficienza, una mancanza di trasparenza in termini di come i fondi sono raccolti, gestiti, distribuiti e le diverse opinioni degli studiosi islamici su come questi dovrebbero essere trattati con le sentenze o la fatwa.

Nell'Islam, all'uomo viene affidata un'Amana (fiducia) per stabilire la responsabilità sulla terra mediante virtù e generosità che gli sono state donate da Dio, la sua iniziativa, creatività e lavoro (isti'mar). La natura è stata creata per gli esseri umani, ma l'uomo è anche tenuto a stabilire un ordine sociale morale sulla terra. Il concetto di amana implica che in tutte le sue azioni, l'uomo dovrebbe scegliere di prosperare la terra (islah) facendo il miglior uso delle risorse e di utilizzare pienamente le virtù insite in lui per isti'mar la terra. Ifsad (fasad) o avversità o corruzione, devono essere evitati nella gestione del proprio ruolo di khalifah . Essere un khalifah , all'uomo è stata concessa anche l'autorità di gestire liberamente la natura / universo e di cooperare con i suoi simili per completare il compito di khalifah . Mentre il nostro mondo e l'economia si evolvono, cerchiamo nuovi modi (innovativi) per far fronte all'evoluzione della sfida. Riteniamo che la tecnologia sia un ottimo modo per farlo, e il blocco principale per consentire la fiducia in transazioni finanziarie impersonali in un ambiente altamente globalizzato può essere identificato come blockchain. Questa innovazione che darà forma al futuro non solo svolgerà un ruolo cruciale nell'incrementare il settore finanziario (bancario, finanziario, degli investimenti, ecc.), Compreso il settore finanziario islamico, ma anche altre transazioni economiche che caratterizzeranno l'economia della condivisione. I principi religiosi, in generale, potevano essere visti come la forza dietro la "mano invisibile" a cui probabilmente aveva alluso Adam Smith, dove nella ricerca del proprio interesse, la "mano invisibile" salvaguarderebbe l'interesse collettivo.C'è sempre stato un obbligo morale ed etico di perseguire il proprio interesse perché non viviamo in isolamento. Se scegliamo di ignorare questi obblighi, il contratto sociale non detto si rompe e porterebbe alla tragedia dei beni comuni. Costruire la fiducia sostenendo gli obblighi etici e morali, quindi, rafforza la civiltà pubblica e la solidarietà comunitaria, rimuove le paure e la sfiducia nelle istituzioni pubbliche e private per un'esistenza armoniosa e redditizia, riducendo il rischio in tempi altamente incerti attraverso obiettivi condivisi e reciproca impresa. E come vedremo nelle prossime sezioni, una tecnologia specifica, come la blockchain, sarà un fattore chiave per incoraggiarlo ulteriormente e svolgere un ruolo significativo nella nuova economia della condivisione.Se scegliamo di ignorare questi obblighi, il contratto sociale non detto si rompe e porterebbe alla tragedia dei beni comuni. Costruire la fiducia sostenendo gli obblighi etici e morali, quindi, rafforza la civiltà pubblica e la solidarietà comunitaria, rimuove le paure e la sfiducia nelle istituzioni pubbliche e private per un'esistenza armoniosa e redditizia, riducendo il rischio in tempi altamente incerti attraverso obiettivi condivisi e reciproca impresa. E come vedremo nelle prossime sezioni, una tecnologia specifica, come la blockchain, sarà un fattore chiave per incoraggiarlo ulteriormente e svolgere un ruolo significativo nella nuova economia della condivisione.Se scegliamo di ignorare questi obblighi, il contratto sociale non detto si rompe e porterebbe alla tragedia dei beni comuni. Costruire la fiducia sostenendo gli obblighi etici e morali, quindi, rafforza la civiltà pubblica e la solidarietà comunitaria, rimuove le paure e la sfiducia nelle istituzioni pubbliche e private per un'esistenza armoniosa e redditizia, riducendo il rischio in tempi altamente incerti attraverso obiettivi condivisi e reciproca impresa. E come vedremo nelle prossime sezioni, una tecnologia specifica, come la blockchain, sarà un fattore chiave per incoraggiarlo ulteriormente e svolgere un ruolo significativo nella nuova economia della condivisione.toglie le paure e la sfiducia nelle istituzioni pubbliche e private per un'esistenza armoniosa e redditizia, riducendo il rischio in tempi altamente incerti attraverso obiettivi condivisi e impegni reciproci. E come vedremo nelle prossime sezioni, una tecnologia specifica, come la blockchain, sarà un fattore chiave per incoraggiarlo ulteriormente e svolgere un ruolo significativo nella nuova economia della condivisione.toglic lc paurc c la sfiducia nelle istituzioni pubbliche e private per un'esistenza armoniosa e redditizia, riducendo il rischio in tempi altamente incerti attraverso obiettivi condivisi e impegni reciproci. E come vedremo nelle prossime sezioni, una tecnologia specifica, come la blockchain, sarà un fattore chiave per incoraggiarlo ulteriormente e svolgere un ruolo significativo nella nuova economia della condivisione. (Mohamed e Ali, 2018)

La blockchain della finanza islamica e del sistema bancario aiuterà sicuramente le banche islamiche e gli istituti finanziari ad avere successo. Senza preoccuparsi dell'interesse e di altre questioni simili, il sistema bancario islamico sarà in grado di lavorare in modo più produttivo. La gestione dei prestiti e di altri servizi relativi diventerà facile. oltre a ridurre la frode e il rischio, può ridurre gli alti costi associati alla finanza islamica. Il costo di elaborazione dei prodotti finanziari islamici è superiore ai normali prodotti di servizi finanziari, quindi blockchain è uno strumento molto efficace per ridurre i costi nei sistemi di elaborazione back-end delle società finanziarie islamiche. La vera sfida, in futuro, sarà la legalità di contratti intelligenti e il quadro normativo globale necessario per stabilire un vero prestito peer-to-peer transfrontaliero; solo perché è legale in un paese,non lo rende così nel prossimo.

Tuttavia, il potere e il potenziale della blockchain e dei contratti intelligenti vengono riconosciuti attraverso lo spettro aziendale e politico. Mentre potrebbe richiedere tempo alle autorità di regolamentazione per recuperare il ritardo, un'adozione più ampia porterà a una regolamentazione ragionevole.

La finanza islamica e Blockchain sono pienamente compatibili tra loro ?. La risposta è: una possibilità definita con un avvertimento - definendo il comportamento appropriato. Ovviamente, la domanda NON è se i bitcoin e le criptovalute esistenti siano consentiti dalla Shari'a islamica. Questo problema è lasciato agli studiosi islamici di venire con la risposta appropriata (e per quello che riguarda, NON è il problema fondamentale su cui dovremmo concentrarci).

Le caratteristiche più importanti di Blockchain riguardano: a) È un sistema di transazioni PEER-TO-PEER; b) si basa su un sistema completamente DISTRIBUTO; e c) È un processo AUTONOMO (AI). La finanza islamica riguarda l'applicazione del comportamento retto, e la blockchain riguarda la "codifica" di quei comportamenti su un sistema completo di intelligenza artificiale, che assicurerebbe quindi che tali comportamenti vengano rispettati in modo autonomo, senza ulteriori interferenze di un'altra parte. Diventa quindi "auto-rafforzante",Piattaforma "auto-regolante", "auto-correttiva" e "auto-performante". Se tutte le affermazioni precedenti sono vere, allora la risposta di "una possibilità definita" sarebbe vera. (Hasni bin Wan Sulaiman, 2017)

Ci sono varie interessanti applicazioni della blockchain nella finanza islamica che possono portare diversi benefici:

1. Contratti intelligenti

i contratti intelligenti o automatizzati in blockchain sono un buon modo per garantire che qualsiasi prodotto o servizio sia conforme alla Shariah e consente l'integrazione di eventuali termini e condizioni contrattuali, sia con il cliente che con la terza parte, nella blockchain.

Per evitare il rapido aumento dei tassi di interesse, le banche islamiche possono ricevere aiuto dai contratti intelligenti. Aiuterà a ridurre l'incertezza e le speculazioni. Esistono diversi tipi di contratti disponibili nel finanziamento islamico che aiuteranno nella gestione degli accordi di partecipazione agli utili, degli accordi di agenzia e delle partnership.

Gli accordi contrattuali sono fattori chiave per il commercio e il commercio che registrano reciprocamente i termini di esecuzione o risoluzione delle controversie. I versetti coranici (Surah Al-Baqarah: 282-283) impongono ai musulmani di scrivere contratti per equità e responsabilità. In quanto tali, i commercianti musulmani fanno affidamento su un quadro giuridico e istituzionale islamico ai fini della contabilità e della responsabilità, mentre gli studiosi musulmani definiscono le norme giuridiche e fungono da mediatori in ambito commerciale controversie. Possedere documenti scritti è vitale per l'efficienza e la trasparenza del commercio e per monitorare gli scambi e gli accordi. La legge islamica è il quadro istituzionale centrale dell'essere musulmano, e la sua struttura legale inerente detta, tra le altre cose, le norme etiche del comportamento imprenditoriale, per formare le basi per la fiducia, l'uguaglianza e l'equità. Mentre il mondo si evolve, utilizziamo la tecnologia per rendere operativi gli intenti specifici della Sharia in modo che gli attori economici islamici possano essere esperti in modi più efficienti (e meno rischiosi) di fare affari. La dipendenza da documenti fisici porta a ritardi, inefficienze e aumenta l'esposizione a errori e frodi. Intermediari finanziari, pur fornendo interoperabilità per il sistema finanziario e riducendo i rischi, crea inutili costi generali e aumenta i requisiti di conformità.

Contratti intelligenti, su tecnologie di registro distribuito (blockchain) che hanno la capacità di iniettare maggiore efficienza e produttività risparmiando al tempo stesso i costi associati ai contratti tradizionali. Molte imprese finanziarie stanno esplorando l'uso della tecnologia del contratto intelligente per varie applicazioni in tutti i settori bancario, finanziario e assicurativo (inclusi i settori di takaful) (EY, 2017). A partire da ora, i prototipi sviluppati sono stati versioni semplificate di un contratto intelligente, ma occorre lavorare di più in settori chiave, che affronteranno conformità legale e normativa, scalabilità e sicurezza e la capacità di codificare contratti complessi che attualmente dominano la finanza panorama dei servizi. (Mohamed e Ali, 2018)

I contratti intelligenti sono un insieme complesso di codici software con componenti progettati per automatizzare l'esecuzione e il regolamento degli accordi contrattuali. In altre parole, sono contratti programmabili che eseguono automaticamente le stipulazioni di un accordo quando vengono attivate condizioni predeterminate. Una volta che due o più parti acconsentono a tutti i termini del contratto, firmano crittograficamente il contratto intelligente e lo distribuiscono in un libro mastro distribuito. Quando viene soddisfatta una condizione specificata nel codice, il programma attiva automaticamente un'azione corrispondente. Eliminando la necessità di un coinvolgimento umano diretto, un contratto intelligente implementato su un libro mastro distribuito potrebbe rendere le relazioni contrattuali più efficienti ed economiche con possibilità potenzialmente minori di errori, incomprensioni, ritardi o controversie.

Come funzionano i contratti intelligenti

Vale la pena notare che bitcoin è stato il primo a supportare i contratti smart di base, nel senso che la rete può trasferire valore da una persona all'altra. La rete di nodi convaliderà le transazioni solo se vengono soddisfatte determinate condizioni. Ma il bitcoin è limitato al caso di utilizzo della valuta. Al contrario, ethereum sostituisce il linguaggio più restrittivo del bitcoin (un linguaggio di scripting di un centinaio di script) e lo sostituisce con un linguaggio che consente agli sviluppatori di scrivere i propri programmi. Ethereum consente agli sviluppatori di programmare i propri contratti intelligenti, o "agenti autonomi", come l' ethereum il white paper li chiama. Il linguaggio è 'Turing-completo', il che significa che supporta un insieme più ampio di istruzioni di calcolo. L'idea è che un'entità non avrà più il controllo sulle tue note e che nessuno potrebbe improvvisamente bannare l'app stessa, portando temporaneamente tutti i tuoi taccuini offline. Solo l'utente può apportare modifiche, non altre entità.

In teoria, combina il controllo che le persone avevano sulle loro informazioni in passato con le informazioni di facile accesso a cui siamo abituati nell'era digitale. Ogni volta che salvi le modifiche, o aggiungi o cancella le note, ogni nodo della rete apporta la modifica.

I contratti intelligenti possono:

Funzionano come conti "multi-firma", in modo che i fondi vengano spesi solo quando una percentuale di persone richiesta è d'accordo
Gestisci gli accordi tra utenti, ad esempio, se uno acquista l'assicurazione dall'altro
Fornire utilità ad altri contratti (simile a come funziona una libreria software)
Memorizza informazioni su un'applicazione, ad esempio informazioni sulla registrazione del dominio o record di appartenenza.

Oggi esistono diversi modelli di smart contract in fase di prototipazione, ma la tecnologia base basata su blockchain utilizza l'infrastruttura di crittografia a chiave pubblica (PKI) per codificare i termini e le condizioni di un contratto. PKI è un metodo di crittografia che utilizza due tipi di chiavi. Il primo è una chiave pubblica di cui tutte le parti sono a conoscenza e la seconda è una chiave privata nota solo al destinatario. In una transazione di contratto intelligente avviata su una blockchain, il destinatario mittente crittografa il proprio messaggio in un "testo cifrato" illeggibile utilizzando algoritmi o formule matematiche, per proteggere e proteggere i dati. Solo l'uso di una chiave privata può decodificare il "testo cifrato" in un "testo normale" leggibile. Il vantaggio chiave che PKI apporta alle transazioni di contratti intelligenti ruota attorno alla sicurezza, in quanto estremamente difficile, se non impossibile,per decodificare una chiave pubblica a una privata, rendendola molto resiliente ai guasti o agli hack.

È vitale che le istituzioni finanziarie islamiche vadano oltre le sfide legate al talento e all'innovazione intelligente del contratto, creando partnership strategiche con esperti nello spazio. Al fine di collaborare in modo efficace con l'ecosistema di avvio del contratto intelligente, è fondamentale che le banche islamiche, i fornitori di servizi finanziari e gli assicuratori sviluppino una comprensione del panorama dei contratti intelligenti. Possono anche concentrarsi sulla concettualizzazione di prodotti e servizi completamente nuovi che sono sostenuti da contratti intelligenti. È probabile che i risultati migliori deriveranno da iniziative di collaborazione tra acceleratori, laboratori di innovazione, incubatori o diretti con start-up di contratti intelligenti basati su blockchain stessi in tali sforzi di innovazione.

2. Cloud Storage

La maggiore attrazione della blockchain nel settore bancario islamico è che le banche avranno accesso al cloud storage . Ridurrà tutti i tipi di conflitti e aiuterà i clienti a mantenere le loro partnership. Gli algoritmi matematici crittografici forniranno l'accesso a tutte le informazioni. Conserverà tutti i dati importanti a cui possono accedere banche e clienti per evitare problemi.

Il modello di dati di archiviazione nel cloud specifica come i dati digitali vengono archiviati e recuperati su più server in posizioni geograficamente diverse e gestiti da un provider di hosting. Lo storage cloud utilizza un modello di memoria logica chc consente ai provider di archiviare i dati su più server in posizioni diverse in modo trasparente per te.

Come minimo, il cloud storage include spazio per una certa quantità di dati e una semplice interfaccia per gestire i file nella memoria. Spesso ciò comporta la creazione di una cartella speciale sul computer e il monitoraggio dell'attività dei file al suo interno. Dropbox appartiene a questa categoria di cloud storage. Lo storage cloud più elaborato include SaaS sofisticato che si integra perfettamente con lo storage cloud di back-end. Google Documenti offre questo tipo di servizio per Google Drive.

Per quanto l'archiviazione su cloud possa sembrare inizialmente, ci sono alcuni problemi seri che un'azienda deve prendere in considerazione _:

- Poiché il database non si trova nei locali dell'azienda, la sicurezza diventa un'enorme sfida. La società proprietaria dei dati non ha più il controllo completo sulle misure di sicurezza. Deve fare affidamento sul fornitore di servizi cloud per proteggere il database da accessi non autorizzati; deve anche fidarsi implicitamente dei dipendenti del fornitore di servizi.

- L'accesso al database richiede una connessione Internet attiva. A differenza delle architetture in cui il database si trova sulla società ' rete interna s, nessuna elaborazione può continuare quando Internet non è disponibile.
- La società proprietaria dei dati deve fare affidamento sul provider di archiviazione cloud per garantire tempi di attività coerenti. La responsabilità di garantire che il database sia accessibile non è più con la società; si trova con una terza parte.

Nel complesso, il proprietario dei dati perde un grande controllo sui dati quando i dati vengono archiviati nel cloud. Più importante è la sicurezza dei dati, il cloud storage più rischioso diventa.

3. Valute digitali

Esistono diversi tipi di valute digitali, ma lo sviluppo della valuta digitale non è così semplice come sembra. Richiede un processo completo per gestire i servizi. Questo è il motivo per cui tali valute sono dotate di vantaggi come una maggiore sicurezza e diversi premi per i minatori.

4. La raccolta di zakat

Un altro prodotto finanziario islamico maturo per la rottura della blockchain è la zakat caritatevole. Blockchain aiuta le persone a sapere dove stanno andando i soldi, e a quale scopo. La raccolta di zakat è stata istituzionalizzata in molti paesi musulmani. La promozione, la raccolta e la distribuzione di zakat sono intraprese dalle rispettive autorità religiose secondo i requisiti della shariah. Tuttavia, ci sono diverse sfide, secondo i documenti di ricerca. Includono l'inefficienza, la mancanza di trasparenza in termini di raccolta, gestione e distribuzione dei fondi, le diverse opinioni degli studiosi islamici su come dovrebbero essere affrontati e un'estesa burocrazia.

Zakat è il trasferimento di proprietà di una determinata quantità di denaro (o proprietà) da qualcuno che soddisfa determinati criteri per lo zakat di essere obbligato su di lui a qualcuno che lo merita soddisfacendo determinati criteri. È una forma di carità obbligatoria; e uno dei cinque pilastri dell'Islam. Per la sua importanza, è menzionato trentadue volte nel Corano. I beneficiari di zakat consistono in otto categorie, compresi poveri e bisognosi. I criteri per i beneficiari di zakat sono ben identificati in Sharia. (Abojeib e Habib, 2019)

Zakat è un obbligo di beneficenza annuale per i musulmani; questo obbligo è calcolato sulla base di un importo di taglio dell'indice di vita base denominato nisab che rappresenta un indice di base della vita standard. Quelli la cui ricchezza netta scende al di sotto di questo limite sono esenti dal pagamento di zakat. In genere, il nisab equivale a tre once d'oro. Le persone con un patrimonio netto superiore a nisab per un anno intero si qualificano come obbligate a pagare zakat.

L'ammontare di Zakat è calcolato al 2,5% delle attività liquide detenute per almeno un anno intero: oro, argento, denaro, risparmi, investimenti, reddito da locazione, merci o profitti aziendali, azioni, titoli e obbligazioni sono tutti parte del calcolo. Dal momento che la criptovaluta come Bitcoin si qualifica come una risorsa liquida, i musulmani devono prestare attenzione a includere le loro attività di criptovaluta nel calcolo dell'obbligo zakat, nonché a tenere traccia di quanta criptovaluta hanno detenuto per un intero anno, dal momento che le attività detenute per meno di un anno non devono essere inclusi in questo calcolo.

Blockchain ha reso il processo rintracciabile, controllabile e immutabile, che sono tutte qualità essenziali di qualsiasi aumento di beneficenza di successo. Il servizio è stato ispirato da devoti musulmani che volevano usare la loro criptovaluta per i pagamenti religiosi, ma non avevano punti vendita che li attirassero.

5. Migliorare l'utilità di waqf

Usando la blockchain per migliorare l'utilità di waqf , che è l'arabo per dare una dotazione a un ente di beneficenza. In modi curiosi il concetto di waqf è parallelo a quello della blockchain, in quanto i doni sono immutabili e non sono di proprietà di alcuna entità particolare. In realtà, sono pensati per essere simili al concetto occidentale di "fiducia", ma in nome di Dio.

Waqf è una forma di carità volontaria, permanente e irrevocabilmente dedicata ad Allah (SWT). Waqf può essere in natura, beni fissi o contanti. Il donatore di waqf (waqif) può specificare lo scopo del waqf che può variare da uno generale come aiutare poveri e bisognosi a uno molto specifico come aiutare gli orfani con cancro. Il waqif ha anche il diritto di specificare le condizioni per waqf. Vale anche la pena menzionare che l'attività o la proprietà di waqf non devono essere venduti o distribuiti a enti di beneficenza, ma piuttosto i benefici o le entrate generate dall'investimento di proprietà di waqf. La proprietà di Waqf è considerata di proprietà diretta di Allah, non può essere né dotata, commerciata né ereditata. (Abojeib e Habib, 2019)

Nel lontano passato, questo precetto della Sharia era usato in tutto il mondo musulmano per migliorare le società e ridurre la povertà. Tuttavia, molti Awqaf contemporanei sono mal gestiti e quindi hanno un impatto limitato sulla povertà. La chiave per migliorare la fiducia in Awqaf è il buon governo e la trasparenza con le parti interessate.

Finterra è una nuova società che ha annunciato lo sviluppo di una piattaforma di crowdfunding che utilizza blockchain per creare contratti intelligenti legati a progetti specifici di waqf. Si spera che questo possa fornire un modo più efficiente per raccogliere denaro, gestire e trasferire la proprietà di waqf.

La catena Waqf consente ai partecipanti di creare proposte di progetto per sviluppare e rinvigorire le proprietà della dotazione. Altre possono essere coinvolte in queste proposte di progetto con fondi di contribuzione. Se gli obiettivi del progetto vengono raggiunti, la proposta di progetto sarà accettata e un determinato numero di token di dotazione verrà creato e distribuito ai finanziatori partecipanti. I token possono essere detenuti per ottenere i diritti degli stakeholder e la compartecipazione alle entrate o trasferiti e scambiati nel più ampio ecosistema di Finterra (e su altre reti) attraverso il protocollo inter- fili di Finterra . (Abojeib e Habib, 2019)

6- Catene di approvvigionamento halal efficaci ed efficienti

A livello globale, ci sono quasi 2 miliardi di musulmani dai 7,6 miliardi di persone nel mondo. Per ragioni religiose, questo enorme mercato di musulmani cerca consapevolmente fonti attendibili e halal per il loro cibo, cosmetici, prodotti per la casa, prodotti farmaceutici, prodotti giornalieri e prodotti conformi alla Sharia in cui investire. Secondo le statistiche, il valore di mercato globale Halal registrato Il valore di circa 1,4 trilioni di dollari nel 2017 dovrebbe raggiungere i 2,6 trilioni di dollari nel 2023.

Blockchain - con le sue caratteristiche di trasparenza e tracciabilità elevate sarà una buona soluzione per fornire dati affidabili e aumentare la fiducia nelle catene di fornitura halal; aumentare il processo halal ininterrotto ed efficiente da sorgente a punto di acquisto del consumatore; migliorare la sostenibilità delle catene di fornitura halal; e aumentare la fiducia dei consumatori nei marchi halal; e il riconoscimento globale di prodotti halal. Le blockchain halal offrono chiari vantaggi a produttori, proprietari di marchi, rivenditori, fornitori di servizi logistici, distributori e organismi di certificazione halal per una maggiore fiducia e autenticità.

L'industria alimentare è dove la fiducia è fondamentale per le sue operazioni. Dagli agricoltori e dai produttori alle cucine e ai consumatori finali, ogni fase del settore alimentare può essere migliorata con la tecnologia blockchain. Un libro mastro distribuito consente agli utenti di tenere traccia delle origini alimentari, della tracciabilità e del controllo di qualità degli alimenti lungo l'intera catena di approvvigionamento. Come sistema in grado di integrare i dati di tutte le parti interessate nel libro mastro, la tecnologia blockchain può apportare grandi benefici all'industria alimentare. Tuttavia, alcune catene di approvvigionamento richiedono ancora più trasparenza e tracciabilità e una delle aree che possono utilizzare la tecnologia blockchain è il mercato globale halal. Halal - che si riferisce al modo in cui il cibo dovrebbe essere prodotto e preparato secondo la legge islamica - è lo standard alimentare a cui i musulmani di tutto il mondo aderiscono. Inoltre,il cibo halal è considerato più salutare e più sostenibile per l'industria alimentare. Negli ultimi anni, con l'aumento della popolarità del cibo halal, molti produttori che non soddisfano gli standard e i requisiti halal hanno tentato di passare i loro prodotti alimentari come halal.

Una tecnologia che può intervenire per alleviare questo problema è la blockchain, che può offrire un modo trasparente per tenere traccia di dove arriva il cibo, dei suoi produttori e dei dati pertinenti che possono garantire l'autenticità del cibo halal nella catena di approvvigionamento. Usando questa tecnologia per garantire standard halal, blockchain aprirà opportunità per i nuovi attori nel mercato per offrire i loro prodotti halal ai consumatori di tutto il mondo. L'industria alimentare subirà enormi cambiamenti una volta implementata la trasformazione digitale in blockchain. Questa nuova tecnologia cambierà il mercato alimentare halal in molti modi, dall'assicurare che tutte le informazioni relative al cibo halal, dalla sua origine, alle garanzie di qualità, al percorso della catena di approvvigionamento possano essere raccolte in un libro mastro distribuito che sia trasparente per tutte le parti interessate. Che si tratti del nome del macellaio,la società di logistica, il supermercato o il ristorante, tutti i dati relativi al cibo halal possono essere raccolti nella blockchain, consentendo un flusso di comunicazione e una maggiore fiducia nella qualità del cibo halal che raggiunge i consumatori. Per i consumatori finali, la tecnologia blockchain consentirà loro di controllare le informazioni di cibo halal utilizzando un'applicazione o un sito Web a cui si può accedere dallo smartphone di chiunque.

Le tecnologie basate sulla blockchain, una volta implementate, dovrebbero essere in grado di generare molte più soluzioni per il settore alimentare halal globale da $ 1,4 miliardi. Il cibo halal è unico rispetto ad altri tipi di cibo, poiché le sue leggi religiose stabiliscono che il cibo halal deve essere preparato e lavorato in determinati modi e non deve mai contenere carne di maiale. Sebbene le etichette riconosciute a livello mondiale come HACCP (analisi dei rischi e punti critici di controllo), GMP (Good Manufacturing Practice) e GHP (Good Hygiene Practice) siano state tutte utilizzate nel sistema alimentare halal per garantire che il cibo sia gestito in modo appropriato, tecnologia blockchain può integrare tutte le informazioni rilevanti e riunirle in un libro mastro distribuito che può essere reso disponibile a tutti i soggetti interessati. Ci sono numerosi requisiti per i cibi halal che la tecnologia blockchain può essere utilizzata per affrontare. Alla fattoria,l'animale riceverà un numero di identificazione, che può essere memorizzato nel libro mastro per monitorare l'assunzione di cibo e le condizioni di vita. Poi al macellaio, tutti i documenti relativi alla salute dell'animale e vari timestamp possono essere aggiunti alla blockchain, al fine di determinare il taglio della carne dall'animale, il modo in cui la carne è stata lavorata e per verificare che la carne sia halal, secondo le leggi religiose. Nel sistema, per garantire che la carne halal sia all'altezza delle norme, la carne può anche essere testata con un sensore DNA dopo essere stata elaborata, quindi monitorata con un packaging intelligente in grado di tracciare la logistica del prodotto dalla fabbrica al supermercato o al ristorante.tutti i documenti relativi alla salute dell'animale e vari timestamp possono essere aggiunti alla blockchain, al fine di determinare il taglio della carne dall'animale, il modo in cui la carne è stata lavorata, e per verificare che la carne sia halal, secondo le religiose legislazione. Nel sistema, per garantire che la carne halal sia all'altezza delle norme, la carne può anche essere testata con un sensore DNA dopo essere stata elaborata, quindi monitorata con un packaging intelligente in grado di tracciare la logistica del prodotto dalla fabbrica al supermercato o al ristorante.tutti i documenti relativi alla salute dell'animale e vari timestamp possono essere aggiunti alla blockchain, al fine di determinare il taglio della carne dall'animale, il modo in cui la carne è stata lavorata, e per verificare che la carne sia halal, secondo le religiose legislazione. Nel sistema, per garantire che la carne halal sia all'altezza delle norme, la carne può anche essere testata con un sensore DNA dopo essere stata elaborata, quindi monitorata con un packaging intelligente in grado di tracciare la logistica del prodotto dalla fabbrica al supermercato o al ristorante.la carne può anche essere testata con un sensore di DNA dopo essere stata processata, quindi monitorata con una confezione intelligente in grado di tracciare la logistica del prodotto dalla fabbrica al supermercato o al ristorante.la carne può anche essere testata con un sensore di DNA dopo essere stata processata, quindi monitorata con una confezione intelligente in grado di tracciare la logistica del prodotto dalla fabbrica al supermercato o al ristorante.

I sensori, così come gli imballaggi intelligenti nella catena di fornitura, possono anche essere sviluppati per inviare immediatamente informazioni alla blockchain per tenere traccia del prodotto halal. Inoltre, i dati ambientali dalle posizioni ai controlli personalizzati possono anche essere memorizzati nel sistema blockchain.

Il 15 maggio 2017 presso l' Universiti si è tenuto un ampio gruppo di discussione su halal blockchain con i capitani di settore Malaysia Pahang a Kuantan (Malesia) organizzato dalla Facoltà di gestione industriale. Questo ampio gruppo

di discussione ha dimostrato che le catene di fornitura halal presentano problemi o difetti intrinseci, ovvero in (1) tracciabilità (capacità di verificare la posizione di un prodotto) e organizzazione dei richiami di prodotti; (2) conformità di trasporto e deposito (stoccaggio) a valle della catena di fornitura in conformità ai requisiti halal; (3) integrità della catena end-to-end (catena ininterrotta): dall'origine al punto di acquisto del consumatore; (4) diversi sistemi halal e interpretazioni di mercati diversi; e (5) mancanza di integrazione dei sistemi informatici. Questi problemi richiedono un approccio radicalmente diverso a come orchestrare le catene di fornitura halal. Le blockchain halal hanno il potenziale per risolvere tutti i suddetti problemi del settore halal! (Tieman & Darun, 2017)
Blockchain è già chiamata la quarta rivoluzione industriale. È un libro mastro pubblico digitale contenente blocchi di dati con stringhe con informazioni simili al nostro DNA. Non è memorizzato da qualche parte centralmente, ma distribuito su molti server in tutto il mondo. I blockchain sono crittografati e sincronizzati automaticamente nelle blockchain distribuite e li rendono un registro pubblico

attendibile che tutti possono ispezionare, ma nessun singolo utente controlla. Una blockchain halal è un libro mastro digitale di tutte le transazioni halal della catena di approvvigionamento che sono mai stati eseguiti. Cresce costantemente con l'aggiunta di blocchi "completati" con una nuova serie di registrazioni. I blocchi vengono aggiunti alla blockchain in ordine lineare e cronologico. Ogni nodo nella rete di filiere halal riceve una copia della blockchain, che viene scaricata automaticamente dopo essere entrata nella rete di filiera halal. La halal blockchain ha informazioni complete sugli indirizzi e il loro percorso di filiera dalla fonte al punto di acquisto del consumatore. Poiché il database halal blockchain è condiviso da tutti i nodi che partecipano a una rete di filiera halal, le informazioni sono facilmente verificabili mediante la semplice scansione del codice QR (un codice a barre bidimensionale) su un prodotto. Le blockchain pre-programmano il requisito halal per il mercato di destinazione, i termini halal di stoccaggio-trasporto-terminal,codifica di halal sui documenti di trasporto e molti altri. In una blockchain puoi facilmente identificare le parti che hanno commesso una frode, in quanto ciò rimane visibile. Ciò scoraggia l'industria a commettere frodi nelle catene di fornitura halal. Le blockchain halal offrono chiari vantaggi a produttori, proprietari di marchi, rivenditori, fornitori di servizi logistici, distributori e organismi di certificazione halal. Per una migliore fiducia e autenticità dei marchi halal del paese, gli organismi di certificazione halal dovrebbero adottare questa nuova tecnologia per sostenere l'industria halal in caso di problemi halal o, peggio, di crisi halal. Dovrebbero supportare la certificazione halal dei fornitori di servizi logistici, dei distributori e dei rivenditori al fine di facilitare una maggiore conformità nel trasporto e magazzinaggio a valle della catena di approvvigionamento.L'armonizzazione e la standardizzazione degli standard di catena di fornitura halal in diverse giurisdizioni sono essenziali nei prossimi anni per supportare meglio le industrie halal e le loro catene di approvvigionamento globali. (Sadouskaya, 2017; Tieman & Darun, 2017)

Allo stesso tempo, consente la valutazione dei fornitori di servizi logistici halal in base alla performance dei loro servizi. Reti di approvvigionamento halal solide, efficaci ed efficienti sono possibili solo con una più intensa collaborazione tra le aziende nella catena di fornitura. La tecnologia blockchain consente alle reti halal di utilizzare al meglio le risorse halal disponibili, come magazzini halal e centri di distribuzione, trasporto e contenitori halal e terminali marittimi e aerei conformi agli standard halal. In questo momento vediamo che i proprietari di marchi hanno difficoltà a gestire le questioni halal e una crisi halal, in quanto dipendono fortemente dalla velocità dell'organismo halal di certificazione per verificare possibili rivendicazioni di una violazione dell'integrità halal. Poiché questa verifica potrebbe richiedere una settimana, il danno è già stato fatto.Le blockchain consentono una verifica immediata in modo trasparente e un efficace isolamento del problema. La tecnologia blockchain migliora la condivisione delle informazioni nella situazione assicurata attraverso l'intera catena di approvvigionamento. I dati memorizzati sulla blockchain pubblica sono accessibili a tutti e non possono essere manomessi. Pertanto, aumenta la fiducia, la sicurezza e la trasparenza nella catena di fornitura halal (Tan, Yan, Chen e Liu, 2018)

Con tutti i dati memorizzati nel libro mastro distribuito, è disponibile per tutte le parti interessate, compreso il consumatore che può accedere alle informazioni tramite un sito Web o un'applicazione mobile. Per i governi, blockchain può offrire soluzioni per quanto riguarda i controlli delle importazioni di prodotti halal, che aumenteranno gli standard di conformità normativa.

Una volta che le informazioni vengono inviate alla blockchain dai diversi fornitori lungo la catena di approvvigionamento, possono essere monitorate per altri scopi, ad esempio legali e fiscali. Le aziende possono anche beneficiare della tecnologia blockchain, poiché le relazioni B2B (Business to Business) e B2C (Business to Consumer) saranno migliorate con maggiore trasparenza e garanzia di autenticità. I consumatori di cibo halal saranno più sicuri che con un semplice codice QR che può essere scansionato utilizzando applicazioni mobili, saranno in grado di tracciare le origini e il modo di produzione del prodotto alimentare. In definitiva, la tecnologia blockchain può offrire una piattaforma per tutti gli attori della filicra alimentare halal per dimostrare la loro trasparenza e responsabilità per i loro prodotti. Con la continua crescita del mercato halal,blockchain può offrire una soluzione migliore che garantirà più prodotti halal di alta qualità per tutti i consumatori.

che dire della sua applicazione nel mondo musulmano o più direttamente nell'economia Halal? La figura seguente, adattando la struttura dell'agente principale per l'interazione tra un produttore di alimenti Halal che deve stabilire fiducia nel suo prodotto assicurando un logo Halal (dal ministero Halal / ente governativo). Stiamo descrivendo le varie parti coinvolte prima dell'acquirente al dettaglio Halal (HRB) che alla fine acquista un prodotto alimentare. Attraverso la catena di interazioni ci sono vari obblighi contrattuali prima che l'HRB effettui un acquisto guidato da un solo fattore: il logo Halal, il logo fidato. L'HRB sta facendo un'ipotesi che tutti gli adempimenti contrattuali siano avvenuti. (Rana & Akinlaso, Q3 2018)

Blockchain il proiettile d'argento per tutti i problemi che potrebbero esistere nel settore? In che modo Blockchain risolve questo problema? Si consideri la figura sottostante in cui viene illustrata una potenziale soluzione di blockchain per risolvere il problema dell'asimmetria informativa. Lo fa consentendo al compratore finale di verificare che l'intera catena del valore sia conforme ai requisiti islamici e limiti la quantità di potenziali frodi. Diciamo che un produttore ha completato il processo di produzione per il cibo Halal, ad esempio il manzo, e ora è pronto per la consegna sul mercato. Prima della transazione fisica o della spedizione del prodotto, il produttore eseguirà alcune misure di conformità e autenticazione Halal (ad es. Halalticate) come parte della due diligence. (Rana & Akinlaso, Q3 2018)

Solo dopo tale due diligence il prodotto sarà idoneo per il logo Halal, che è un marchio di fiducia che segnala al consumatore al dettaglio che il prodotto è buono e pronto per il consumo.

Tuttavia, il processo è tuttora contaminato da frammenti di asimmetria informativa e rischi, che lascia il consumatore in dubbio, se non sbigottito. Tali rischi possono essere gestiti adottando uno dei due metodi presentati nel quadro principale-agente: screening e segnalazione.

L'applicazione del metodo di screening consente al consumatore di verificare l'autenticità dei prodotti in modo tale da garantire Genuità e soddisfazione. Questo è dove la tecnologia blockchain è utile in quanto presenta la possibilità di una scia dettagliata del manzo e consente a chiunque di rintracciare il

movimento del manzo, direttamente dal suo ranch al macello e fino al venditore al dettaglio.

La segnalazione proviene dal produttore - il segnale critico è che hanno il cibo certificato attraverso l'HM appropriato. Ancora una volta, la tecnologia blockchain è molto adatta a proteggere e preservare tali segnali, rendendoli a prova di manomissione per il pubblico in generale. La combinazione di entrambi i metodi in un'unica piattaforma e l'alimentazione della sua applicazione utilizzando la tecnologia blockchain fornirà la fiducia necessaria nella transazione ed eliminerà il problema dell'asimmetria informativa e il rischio associato.

Considera una semplice illustrazione qui sotto: (Rana & Akinlaso, Q3 2018)

1. Il produttore di alimenti Halal carica le informazioni sul prodotto insieme alla certificazione da parte della rispettiva

autorità di emissione ad una piattaforma di blocco, Halalticate ;

2. La piattaforma registra il prodotto e genera un'impronta digitale immutabile utilizzando la descrizione del prodotto e dettagli Halal nel suo database blockchain. Le impronte digitali saranno in forma di ID univoci in varie forme (codice alfanumerico, insieme a modello sicuro, codice QR, codice a barre o collegamenti brevi) per un singolo prodotto, lotto o categoria;

3. Il produttore allega gli ID univoci all'etichetta del prodotto e avvia la spedizione.

D'altra parte, il cliente Halal che sta per acquistare il prodotto verificherà l'autenticità del prodotto nei seguenti passaggi: (Rana & Akinlaso, Q3 2018)

1. Il cliente cerca gli ID (Halal) univoci del prodotto;

2. Il Cliente invia almeno uno degli ID univoci alla piattaforma Halalticate per la verifica del catione utilizzando un dispositivo mobile tramite SMS, QR scan o impianto NFC;

3. Il cliente riceve un report istantaneo e un audit trail sul prodotto (con descrizione dettagliata del prodotto e dettagli Halal).

7- Flusso di transazione delle rimesse tramite Criptovaluta e Blockchain

La necessità del giorno è di sfruttare la natura aperta della tecnologia blockchain per innovare i modelli di rimessa e fornire una migliore esperienza utente. Non vi è dubbio che la blockchain sia una tecnologia dirompente che cambierà radicalmente le rimesse e i pagamenti così come molti altri settori, incluso quello bancario. I primi a utilizzare la blockchain per rimesse e pagamenti sono stati finora limitati a pochi, specialmente nella finanza islamica. Quindi fornisce opportunità illimitate per le banche islamiche di abbracciarlo. Le banche islamiche stanno adottando globalmente la digitalizzazione dei servizi bancari per ottenere accuratezza, sicurezza, velocità di processo e costi di elaborazione più convenienti per le rimesse, ossia peer-to-peer (P2P), business-to-business (B2B), business-to-individual (B2I) e transazioni di e-commerce. L'obiettivo è realizzare un ecosistema intermedio di rimesse e pagamenti a basso costo utilizzando la tecnologia blockchain aperta e trasparente.

La rimessa di un trasferimento peer-to-peer di fondi attraverso i confini è economicamente significativa per molti dei paesi che li ricevono. Le rimesse globali sono cresciute del 7% a $ 613 miliardi nel 2017, da $ 573 miliardi nel 2016 e si prevede che crescano del 4,6% a $ 642 miliardi nel 2018. Svolge un ruolo importante nella crescita e il sostentamento delle famiglie di immigrati ed è anche uno dei principali contributori PIL, in particolare per lo sviluppo dei paesi sottosviluppati. Il principale fattore alla base della crescita delle rimesse globali transfrontaliere è l'aumento della popolazione di immigrati a livello globale alla ricerca di un migliore impiego e di maggiori guadagni, cosa che potrebbe non essere possibile nel loro paese natio. La rimessa più popolare è il peer-to-peer (P2P) o anche conosciuto come pagamenti "da persona a persona" che consentono il trasferimento di denaro ad amici o familiari,nazionale o transfrontaliero, che è relativamente di basso valore e sono ricorrenti in natura. (Gupta & Alam, 2019)

Il modello di rimessa tradizionale si sta evolvendo con il progresso della tecnologia basato sulla blockchain. La tecnologia blockchain facilita l'utilizzo di risorse digitali come criptovaluta per elaborare i pagamenti utilizzando un libro mastro elettronico condiviso protetto unico.

Blockchain consente la digitalizzazione delle informazioni archiviate in database trasparenti e decentralizzati con una rete peer-to-peer, completamente protetta e protetta da cancellazione, manomissione e modifica. Blockchain è una forma di libro mastro di record o transazioni disposti in sequenza, che viene indicato come blocchi e collegati mediante convalida crittografica. Ogni blocco è referenziato e identificato usando il blocco precedente da una funzione di hash, che forma una catena ininterrotta e una blockchain è formata.

Questa caratteristica unica della tecnologia blockchain elimina gharar (incertezza) e rende l'elaborazione delle transazioni economicamente conveniente (basso costo) e facilita l'inclusione finanziaria per i lavoratori migranti non iscritti che hanno bisogno di trasferire denaro alla propria famiglia nel loro paese d'origine. Un altro vantaggio è l'impenetrabilità, che rende difficile scendere a compromessi poiché tutto viene tracciato su un libro mastro che impedisce alle persone di falsificarlo o creare dati falsi. Blockchain rafforza l'ecosistema dei pagamenti offrendo opportunità illimitate nell'uso di risorse digitali, pagamenti, rimesse e implementazione di contratti intelligenti.

Un altro vantaggio è l'impenetrabilità, che rende difficile scendere a compromessi poiché tutto viene tracciato su un libro mastro che impedisce alle persone di falsificarlo o creare dati falsi. Blockchain rafforza l'ecosistema dei pagamenti offrendo opportunità illimitate nell'uso di risorse digitali, pagamenti, rimesse e implementazione di contratti intelligenti. (Gupta & Alam, 2019)

Le rimesse basate sulla blockchain elaboreranno le rimesse in modo più efficiente e accurato riducendo al tempo stesso i costi di elaborazione delle transazioni. Le rimesse basate sulla blockchain assicurano transazioni trasparenti e gradevoli tra le parti e promuovono la fiducia con il suo metodo di elaborazione sicuro, che rispetta anche i principi della Sharia e soddisfa gli obiettivi della finanza islamica. Ci sono dibattiti in corso sull'accettazione della criptovaluta sotto la Shariah (legge islamica) come mezzo di scambio. Tuttavia, le banche islamiche stanno adottando la tecnologia blockchain per migliorare i servizi finanziari. Ci sono state iniziative della banca Al Rajhi per adottare l'ecosistema di Ripple per rimesse e pagamenti. Ciò dimostra che il livello di accettazione è in aumento tra le banche islamiche.La tecnologia blockchain sta riverberando attraverso l'intero ecosistema finanziario globale e gli early adopter avranno il vantaggio migliore. Le banche islamiche devono essere preparate in quanto le società di fintech hanno già iniziato l'interruzione e l'accettazione a livello di consumatori è in aumento. (Gupta & Alam, 2019)

8- Takaful **(assicurazione islamica)**

Spostando i crediti assicurativi su un libro mastro immutabile, blockchain può aiutare a eliminare le comuni fonti di frode nel settore assicurativo. Un libro mastro condiviso e polizze assicurative stipulate tramite contratti intelligenti possono portare a un miglioramento dell'ordine di grandezza in termini di efficienza per l'assicurazione di proprietà e sinistri. Attraverso la blockchain, le cartelle cliniche possono essere protette crittograficamente e condivise tra gli operatori sanitari, aumentando l'interoperabilità nell'ecosistema dell'assicurazione sanitaria. Garantendo contratti di riassicurazione sulla blockchain tramite contratti intelligenti, la blockchain può semplificare il flusso di informazioni e pagamenti tra assicuratori e riassicuratori.

- Elaborazione automatica dei sinistri in assicurazioni commerciali, assicurazioni auto, ecc.

Contratti intelligenti che portano assicuratori, clienti e terze parti su un'unica piattaforma porteranno all'efficienza dei processi e alla riduzione dei tempi e dei costi di elaborazione delle richieste.

- Nuovi prodotti come l'assicurazione peer-to-peer / takaful.

La migrazione di contratti tradizionali a contratti intelligenti può essere stimata per risparmiare miliardi di dollari nei mercati finanziari globali islamici. Sono davvero significativi, ma non vengono senza sfide da superare, ma sarà possibile con la determinazione e le risorse per farlo. (Mohamed e Ali, 2018)

Come segmento di nicchia del settore assicurativo, il segmento di takaful è significativamente influenzato dalle interruzioni che si verificano nel settore assicurativo. Il mercato assicurativo globale ha avuto un ragionevole tasso di crescita, con tassi di crescita dei premi reali globali del 2,9% nelle economie avanzate e del 7,4% nei paesi emergenti e in via di sviluppo nel 2014, un miglioramento rispetto ai tassi del 2012 e del 2013. Allo stesso modo, il tasso di crescita dei contributi lordi nel settore takaful ha dimostrato

una ripresa nel 2014 a partire dal 2013, quando il tasso di crescita dei premi era di gran lunga il più basso storicamente. I rinvigoriti contributi lordi del settore takaful hanno raggiunto 22,1 miliardi di USD nel 2014, rispetto a soli 5 miliardi di USD nel 2006. Nel 2016 il mercato assicurativo globale ha registrato tassi di crescita costanti, sostenuti principalmente dai mercati emergenti. I premi Nonlife nell'Asia emergente sono aumentati del 7,3% nel 2016, dopo una forte crescita del 9% nel 2015. (Mohamed & Ali, 2018)

I contratti intelligenti implementati attraverso la blockchain forniranno ai clienti e alle società takaful (assicurazioni) un sistema per gestire le richieste in modo trasparente, rapido e indiscutibile. Le politiche di Takaful, insieme ai suoi termini e condizioni e potenziali rivendicazioni possono essere registrate sulla blockchain e convalidate dalla rete, assicurando che vengano fornite richieste valide e che vengano respinte false affermazioni. Ad esempio, la blockchain rifiuterà più richieste per un incidente perché la rete saprebbe che è già stata fatta una richiesta. I contratti intelligenti elaborano anche le richieste in modo efficiente attivando automaticamente i pagamenti quando vengono soddisfatte determinate condizioni e convalidate. Per rilevare in modo più efficace le frodi sull'identità, le segnalazioni di lesioni o danni falsificati, ecc., La blockchain può essere utilizzata come un registro distribuito e cross-industriale con dati esterni e dati dei clienti per:

- Confermare l'autenticità, la proprietà e l'origine dei beni, nonché la legittimità
di documenti (es. referti medici)
- Controllare i rapporti di polizia che indicano furto, cronologia delle richieste e di una persona
identità verificata ed esporre schemi di inganno relativi a una persona o
identità

- Prova di data e timestamp di emissione della polizza o acquisto di un prodotto /
bene
- Convalidare la proprietà e le modifiche al sito

Tuttavia, per ottenere i benefici specifici della blockchain da queste applicazioni al di sopra di quanto è realizzabile con soluzioni tradizionali e altri tipi attuali di cooperazione, ad esempio attraverso le associazioni di settore, è necessaria un'ampia cooperazione tra assicuratori, clienti, produttori e altre parti interessate. Questo è un esempio di ecosistema che va oltre la tradizionale pratica industriale nell'economia della condivisione dell'era digitale. (Mohamed e Ali, 2018)

capitolo 4

Applicazione di blockchain per la finanza islamica: ostacoli, sfide e blocchi mentali

L'elenco delle sfide che devono affrontare l' applicazione di blockchain per la finanza islamica è lungo. Ci sono sfide tecniche, aziendali / di mercato, legali / regolamentari e comportamentali / educative all'evoluzione della blockchain. Alcune delle sfide più importanti includono la scalabilità (tecnica), l'innovazione (business), la fiducia in una rete (comportamentale) e la regolamentazione moderna (legale). Comprendere i compromessi e le scelte sagge che coinvolgono database e blockchain è una competenza chiave che deve essere perfezionata. Inizia con una chiara comprensione dei punti di forza e di debolezza di ciascun approccio. Trovare il giusto equilibrio tra ciò che una blockchain è particolarmente bravo e sposare i benefici derivati con i database back-end o le applicazioni esistenti è parte della magia che è necessario cercare continuamente. Stiamo ancora imparando quali sono questi limiti e, come il pendolo, potremmo oscillare eccessivamente verso un lato, poi verso un altro prima di trovare una via di mezzo. Insieme a questo argomento è la questione della memorizzazione dei dati blockchain per i requisiti di reporting transazionale, storico, analitico e di conformità. Ecco alcuni dei principali sfide di fronte a un block-block per la finanza islamica :

Interferenze governative:

mirando principalmente al Bitcoin, diversi governi non si sentivano a proprio agio con una valuta che non era sostenuta dalle istituzioni di un paese sovrano. Alcuni paesi e banche centrali hanno emesso avvisi ufficiali contro l'uso di Bitcoin durante i suoi primi anni, tra cui Russia, Cina e Unione Europea. I blockchain non sono Bitcoin, ma consentono la creazione e distribuzione di criptovaluta, così come le attività con valore reale. Le operazioni di blockchain continueranno a essere oggetto di scrutinio governativo fino a quando politici e politici non si sentiranno più a proprio agio con il loro utilizzo.

I governi possono inviare segnali sbagliati al mercato, ai responsabili delle politiche e alle forze dell'ordine, che in genere sono loro delegati. Inoltre, le pesanti azioni del governo rischiano di mettere in cortocircuito la leadership del settore privato nella tecnologia blockchain, che è nota per portare il frutto dell'innovazione. Naturalmente, la regolamentazione governativa può essere applicabile per la protezione dei consumatori e certi altri livelli di standard, ma le prime interferenze generalmente non saranno utili. La conformità è un'attività importante, in particolare per i fornitori di servizi finanziari che spendono miliardi di dollari all'anno, al fine di tenersi aggiornati sulle ultime leggi e regolamenti. Le piattaforme early blockchain erano focalizzate sulle transazioni e non sul reporting. Però,queste piattaforme avranno bisogno di una migliore tassazione e capacità di reporting in modo che il loro output possa essere inserito nei sistemi di contabilità tradizionali. Ci saranno soluzioni che affrontano questo settore.

La conformità e la non conformità sono entrambe costose, equivalenti a spese generali che assorbono margini di profitto. Alcune aree in cui la conformità potrebbe offrire innovazioni potrebbero includere:

- Acccttare i token con criptovaluta come valore reale.

- Riconoscendo la finalità delle transazioni che sono passate attraverso una blockchain.
- Consentendo i necessari collegamenti giuridici ai contratti intelligenti.
- Permettere la convalida della controparte peer-to-peer tramite la blockchain.

Infrastruttura per l'ecosistema sottosviluppata :

come punto di partenza, ogni blockchain necessita della propria infrastruttura tecnologica e di un vivace ecosistema attorno ad esso, con un numero di partecipanti che la supporta. Dal punto di vista tecnologico, il protocollo stesso è un requisito minimo e, sebbene debba essere potenziato da strumenti e servizi software per renderlo utile, è l'ecosistema dei giocatori attorno alla tecnologia che influenza direttamente la progressione del mercato di una blockchain. Senza adozione, c'è poco impatto. Un ecosistema vibrante include una varietà di giocatori in ciascuno dei seguenti segmenti: (Mougayar, 2016)

- Stack completo della tecnologia, tra cui infrastrutture, middleware e applicazioni software .
- Start-up che innovano creando nuovi prodotti e forgiando nuovi mercati .
- Soluzioni e fornitori di servizi che forniscono un'implementazione end-to-end per le imprese .
- Finanziatori e venture capital che corrono rischi insieme a imprenditori e scienziati
- Avvocati, influencer, analisti, volontari, sostenitori, comunità locali .
- Sviluppatori e tecnologi che lavorano su core e pezzi di tecnologia estesa
- Utenti che sono condizionati a provare prodotti, sia come consumatori sia come clienti aziendali .

Ci vuole tempo perché nuove applicazioni emergano quando una nuova tecnologia fondamentale entra in scena. Tuttavia, la replica è un buon primo passo, perché consente di acquisire esperienza quando le aspettative sono inferiori. Considerato un caso estremo, quasi tutte le applicazioni software potrebbero essere riscritte con un certo sapore blockchain e decentramento, ma ciò non significa che sia una buona idea farlo. Alcuni blockchain come Ethereum hanno una capacità simile di "macchina virtuale", che consente ai programmi di essere eseguiti sulla blockchain senza che gli sviluppatori debbano essere consapevoli dell'architettura informatica intrinseca. Un'altra critica blockchain è la mancanza di cosiddette "applicazioni killer" che dovrebbero illuminare l'utilizzo esponenziale tra i consumatori. Ci aspettiamo certamente applicazioni visibili come fari per gli altri,ma c'è un altro punto di vista che supporta il caso di diverse app killer, non solo una. M noltre, la mancanza di una comprensione globale delle capacità di base che circondano la blockchain possa dissuadere qualsiasi dirigente intelligente di vedere la pienezza del suo valore potenziale. Questa sfida sarà risolta solo attraverso uno sforzo concertato per ottenere informazioni sulla blockchain e il suo potenziale.

Regolamenti poco chiari:

Finché la posizione dei regolatori non viene chiarita, continueranno ad esistere confusione e incertezza per tutti coloro che sono coinvolti nello spazio blockchain. La blockchain è una tecnologia di successo che influisce su così tante aree, ed è probabile che diversi aromi di regolazione arriveranno da una varietà di direzioni. Un cambio di paradigma fondamentale di cui le autorità di regolamentazione dovranno fare i conti è che la fiducia è ora più aperta e "libera dai controlli centrali" che in genere regolano. La natura della fiducia sta cambiando, ma i regolatori sono abituati a regolare i "fornitori di fiducia". Impareranno ad adeguarsi quando il fornitore di fiducia è una blockchain, o un nuovo tipo di intermediario che non si adatta al precedente modello di punto di strozzatura centrale regolamento? In particolare, la blockchain è decentralizzata di default, quindi èÈ più difficile regolare le entità decentralizzate rispetto a quelle centrali. Pertanto, avremo bisogno di vedere l'innovazione nei regolamenti. Forse i blockchain possono ottenere la certificazione, ad esempio.

In generale, i regolatori e i responsabili politici reagiscono in tre modi diversi di fronte alle nuove tecnologie: (Mougayar, 2016)

1. Non fare nulla e lasciare che il mercato maturi e si evolva da solo.

2. Controlla i punti di strozzatura. Ad esempio, questi punti di strozzatura potrebbero essere gli scambi di criptovaluta o i fornitori di software a cui verrà richiesto di ottenere la licenza.

3. Inserisci la regolazione automatica nel punto di transazione o da qualche parte durante il suo viaggio. Ciò potrebbe comportare lo spazio per la disponibilità della segnalazione diretta dei dati tramite una backdoor, un tubo di scarico delle informazioni o una deduzione diretta su una transazione.

Sicurezza, privacy e mancanza di standard :

Il problema della sicurezza blockchain sarà eterno. Ci stiamo ancora abituando alla finalità delle transazioni per consenso (non importa quale sia la forma di consenso), invece di un "database commit" che è un metodo più deterministico. Le grandi organizzazioni, in particolare le banche, non sono state particolarmente interessate ad adottare blockchain pubblici per le loro esigenze interne, citando potenziali problemi di sicurezza. L'argomento tecnico contro la piena sicurezza dei blockchain pubblici può essere facilmente fatto nel momento in cui si introduce un'ombra di dubbio su uno scenario potenziale che potrebbe devastare la finalità di una transazione. Questo da solo è abbastanza paura da costituire un fattore deterrente per stare lontano dalla blockchain pubblica, anche se l'argomento potrebbe essere fatto a favore della loro sicurezza. In una blockchain pubblica, la modalità predefinita per qualsiasi transazione 'La visibilità di s è apertura e trasparenza. Ciò significa che chiunque può tracciare il percorso di una transazione incluso il valore che detiene e il suo indirizzo di origine e destinazione. Quel livello di trasparenza era un antipasto nelle implementazioni di blockchain privati. Tuttavia, è ora possibile ottenere riservatezza nelle transazioni crittografando i valori ed è anche possibile nascondere le identità tramite schemi di prova a conoscenza zero.ed è anche possibile nascondere le identità tramite schemi di prova a conoscenza zero.ed è anche possibile nascondere le identità tramite schemi di prova a conoscenza zero. Gli scettici blockchain potrebbero pensare: ci fidiamo già l'un l'altro, e abbiamo istituzioni secolari che realizzano questo tipo di fiducia, quindi perché abbiamo bisogno di mettere fiducia in una rete?

Affidarsi a una rete di computer che eseguono calcoli matematici invece di una parte "conosciuta e fidata" che è possibile vedere richiede un nuovo paradigma mentale a cui non siamo abituati. Alla fine, faremo i conti con il fatto che la fiducia è nella rete - ed è una nuova forma di fiducia. Ricordiamoci che i pagamenti su Internet non erano del tutto affidabili durante i primi anni Web (1994-1998), almeno non dalle banche. Abbiamo dovuto attraversare speciali "gateway di pagamento" che erano stati creati appositamente per svolgere tale funzione di fiducia, separandoli dai sistemi bancari che non volevano toccare tecnologie non affidabili. Ben presto, pagare sul Web con una carta di credito è stato ampiamente accettato e la maggior parte degli utenti attuali non si ricorderà di questi tre giorni di trepidazione e paura,anche se la somiglianza con i blockchains fidati è sorprendentemente familiare. (Mougayar, 2016)

Per quanto inizialmente ci preoccuperemo della disponibilità di blockchain come reti di fornitura di servizi di fiducia, alla fine saranno date per scontate, proprio come oggi l'accesso a Internet è dato per scontato in molte parti del mondo.

Gli standard arrivano in due modi, tipicamente. Diventano standard de facto in virtù dell'adozione del mercato, oppure sono sviluppati e concordati a priori, da un comitato per le norme o da un gruppo di consorzi. Gli standard portano con sé una serie di vantaggi, tra cui alcuni effetti di rete, facilità di interoperabilità, conoscenza dell'implementazione condivisa, potenziali costi inferiori e meno rischi complessivi. Gli standard possono affrontare diversi livelli, indirizzando le aree tecniche, di piattaforma o di processo. Ma ecco un avvertimento sugli standard. In genere non competi sugli standard. Tendono a livellare il campo di gioco e consentono alle aziende di competere alle proprie condizioni attraverso il modo in cui implementano questi standard. Il vantaggio competitivo potrebbe derivare dalla velocità dell'implementazione o dalla capacità di innovare oltre questi standard.La blockchain presenterà le stesse opportunità e avvertimenti per l'uso degli standard. Gli standard saranno necessari, ma non sufficienti. Saranno necessarie diverse migliaia di sviluppatori software per sollevare tutte le barche. Cosa contribuirà a migliorare il numero di sviluppatori?

- Più consapevolezza generale del mercato sulla blockchain per guidare livelli più alti di interessi.
- Popolarità dei programmi di certificazione.
- Disponibilità di titoli accademici formali specializzati in questo campo.
- Programmi di formazione da parte dei fornitori di blockchain.

Problemi relativi alle risorse umane e ai costi :

la maggior parte degli utenti non può gestire una maggiore complessità di utilizzo, specialmente quando la tecnologia sottostante è complessa (la blockchain). Le prime applicazioni blockchain potrebbero non avere le migliori esperienze utente, ma alla fine, un utente potrebbe anche non sapere che esiste una blockchain dietro il loro utilizzo. Dove sono le Amazzoni e le eBay della blockchain? Questi tipi di aziende diventano punti di riferimento e modelli di archetipo perché sono i primi punti di prova che è possibile creare un'attività redditizia sulla blockchain. Dovremo assistere all'emergere di tali società e vedere il loro successo concretizzarsi attraverso l'adozione del mercato. Non abbastanza persone qualificate all'interno delle aziende, ci vuole un po 'per convertire migliaia di dipendenti a diventare sostenitori della blockchain con esperienza. Una massa critica di sostenitori ed esperti interni è richiesta anche all'interno delle organizzazioni, in modo che possano alimentare una serie di esperimenti di blockchain e creare soluzioni da soli, senza permesso, proprio come le applicazioni e le idee Web sono finalmente diventate una seconda natura per la maggior parte delle imprese. D'altra parte, i costi è molto critico , Non è costoso iniziare a dilettarsi con la tecnologia blockchain perché gran parte di essa è gratuita tramite licenze open source. Tuttavia, la piena implementazione porterà costi aggiuntivi, non diversamente dai costi dei tipici progetti e implementazioni relative alla tecnologia dell'informazione. Alcuni Chief Information Officer (CIO) potrebbero essere riluttanti ad aggiungere ai loro budget limitati, fino a quando non saranno dimostrati i primi ritorni sugli investimenti.

Middleware e strumenti immaturi:

il middleware e gli strumenti software Blockchain sono molto importanti. Il middleware è come la colla tra l'infrastruttura blockchain e la costruzione di applicazioni. Gli strumenti di sviluppo software facilitano i progetti generali di sviluppo del software. Non appena inizieremo a vedere prodotti completi pronti all'uso che promettono di semplificare come avviare, sviluppare e distribuire applicazioni blockchain, sapremo che è iniziata una nuova fase.

Scalabilità :

la scalabilità delle blockchain è un problema che continuerà a essere discusso. Scalare i sistemi tecnici è una sfida senza fine. È un bersaglio mobile, perché i bisogni di scala si evolvono man mano che cresci; quindi non hai bisogno di risolvere un problema che non hai ancora. Scalare le blockchain non sarà diverso dal modo in cui abbiamo continuato a scalare Internet, concettualmente. Ci sono molti ingegneri intelligenti, scienziati, ricercatori e designer che sono all'altezza della sfida e la affronteranno. Ciò che complica ulteriormente la scalabilità delle blockchain è l'equilibrio necessario che deve essere preservato tra decentramento e sicurezza. Scalare una rete decentralizzata con un modello economico legato alla sua sicurezza è una nuova frontiera che non è mai stata tentata prima.

Riferimenti:

1. Abojeib, M., & Habib, F. (2019). Blockchain for Islamic Social Responsibility Institutions FinTech as a Disruptive Technology for Financial Institutions (pp. 221-240): IGI Global.
2. Allen&OveryLLP. (2009). Islamic microfinance report for institutions offering Islamic financial services.
3. Berryhill, J., T. Bourgery and A. Hanson. (2018). Blockchains Unchained: Blockchain Technology and its Use in the Public Sector
4. (19934351). Retrieved from Paris:
5. Castiglione Maldonado, F. (2018). Introduction to Blockchain and Ethereum: Packt Publishing.
6. Dewar, J., & Hussain, M. M. (2011). ISLAMIC PROJECT FINANCE. In J. Dewar (Ed.), International Project Finance: Law and Practice: OUP Oxford.
7. Drescher, D. (2017). Blockchain Basics: A Non-technical Introduction in 25 Steps, 1st edn. Apress, Frankfurt am Main (2017).

8. Gupta , L., & Alam, N. (2019). Blockchain-Driven Remittance:Opportunities for Islamic Finance. I-FIKR DIGEST SPECIAL I(SSUE 1).
9. Hasni bin Wan Sulaiman, W. M. (2017). Islamic Finance and the Blockchain Revolution. Paper presented at the Cryptocurrency, Blockchain & Distributed Ledger Technology: Synergizing Technology & Shariah, Kulliyyah of ICT, IIUM.
10. International Finance Corporation. (2019). Blockchain : Opportunities for Private Enterprises in Emerging Markets, Second Edition. International Finance Corporation. Retrieved from Washington, DC.: https://openknowledge.worldbank.org/handle/10986/31251
11. Mohamed, H., & Ali, H. (2018). Blockchain, Fintech, and Islamic Finance: Building the Future in the New Islamic Digital Economy: Walter de Gruyter GmbH & Co KG.

12. Mougayar, W. (2016). The business blockchain: promise, practice, and application of the next Internet technology: John Wiley & Sons.
13. Rana, O., & Akinlaso, M. I. (Q3 2018). How Blockchain can impact the Muslim world: Food by I F N F i n Te c h.
14. Sadouskaya, K. (2017). Adoption of Blockchain Technologyin Supply Chain and Logistics.
15. Sultan, K., Ruhi, U., & Lakhani, R. (2018). Conceptualizing Blockchains: Characteristics & Applications. Paper presented at the 11th IADIS International Conference Information Systems
16. Swan, M. (2015). Blockchain: Blueprint for a new economy: " O'Reilly Media, Inc.".
17. Sylvester, G. (2019). E-agriculture in action: Blockchain for agriculture
18. Challenges and opportunities. Retrieved from Bangkok, Thailand:
19. Tan, B., Yan, J., Chen, S., & Liu, X. (2018). The Impact of Blockchain on Food Supply Chain: The

Case of Walmart. Paper presented at the International Conference on Smart Blockchain.

20. Tieman, M., & Darun, M. R. (2017). Leveraging blockchain technology for halal supply chains. Islam and Civilisational Renewal (ICR), 8(4), 547-550.

21. Uusmani, M. T. (2002). An introduction to Islamic finance (Vol. 20): Brill.

www.ingramcontent.com/pod-product-compliance
Lightning Source LLC
LaVergne TN
LVHW021131300926
849160LV00010B/973
9780059752662